서례수지(西禮須知)

엮은이 허재영

• 현재 단국대학교 교육대학원 교육학과 국어교육 부교수.
• 국어문법사를 전공하였으며, 국어교육사와 제2언어로서의 한국어 교육 분야에 관심을 갖고 연구를 진행하고 있음. 춘천교육대학교, 성신여자대학교, 경원대학교 등 여러 학교에서 강의를 하였으며, 서울대학교 국어교육연구소 선임연구원, 호서대학교 겸임 교수를 지냈음.
• 논저로는 『부정문의 통시적 연구』(2002, 역락), 『국어과 교육의 이해와 탐색』(2006, 박이정), 『제2언어로서의 한국어교육의 이해와 탐색』(2007, 보고사), 『국어의 변화와 국어사 탐색』(2008, 소통), 『-우리말 연구와 문법 교육의 역사』(2008, 보고사), 『일제강점기 교과서 정책과 조선어과 교과서』(2009, 도서출판 경진), 『통감시대 어문교육과 교과서 침탈의 역사』(2010, 도서출판 경진), 일제강점기 어문 정책과 어문 생활 시리즈로 『일제강점기 어문 정책과 어문 생활』(2011, 도서출판 경진), 『조선 교육령과 교육 정책 변화 자료』(2011, 도서출판 경진), 『일본어 보급 및 조선어 정책 자료』(2011, 도서출판 경진), 그 밖의 국어사 및 국어과 교육 관련 논문이 다수 있음.

서례수지

© 허재영, 2015

1판 1쇄 인쇄_2015년 11월 10일
1판 1쇄 발행_2015년 11월 20일

엮은이__허재영
펴낸이__양정섭
펴낸곳__도서출판 경진
   등록_제2010-000004호
   블로그_http://kyungjinmunhwa.tistory.com
   이메일_mykorea01@naver.com

공급처__(주)글로벌콘텐츠출판그룹
   대표__홍정표
   편집_송은주 디자인_김미미 기획·마케팅_노경민 경영지원_안선영
   주소_서울특별시 강동구 천호로 196 정일빌딩 401호
   전화_02-488-3280 팩스_02-488-3281
   홈페이지_http://www.gcbook.co.kr

값 15,000원
ISBN 978-89-5996-487-1 93370

(존 프라이어 著) 서례수지

허재영 엮음

경진출판

본문에 밑줄을 긋거나 글꼴을 바꾼 것은 엮은이가 임의로 한 것임을 밝힙니다.

　『서례수지(西禮須知)』는 1866년 영국인 존 프라이어(1839~1928, 중국
명 傳蘭雅)가 서양 제국(諸國)의 예법을 중국에 소개하기 위해 저술한
책이다. 현재 서울대 규장각 소장본(奎中 6072)은 고활자본(古活字本)
으로 1886년 왕도(王韜, 1828~1897)의 서문과 본문 29장 1책으로 구성
되어 있다. 책 크기는 20.2×13.2cm로, 고종의 도서관으로 알려져 있
는 집옥재(集玉齋)의 인기(印記)가 찍혀 있다.
　존 프라이어가 이 책을 쓰게 된 동기는 예(禮)에 대한 고정관념을
탈피하고, 지역·문화에 따라 예법이 달라짐을 고려하여, 중국인에게
서양인의 교제 예법을 소개하고자 하는 데 있었다. 1886년판의 서문
을 쓴 왕도는 청말 개혁 사상가로 1886년 존 프라이어가 서수(徐壽)와
함께 상해에 '격치서원(格致書院)'을 설립할 당시, 상해에 체류하면서
다수의 변법론을 발표하고, 격치서원 관계자들과 교류를 맺었기 때
문으로 보인다. 그의 사상은 중국과 일본뿐만 아니라 우리나라에도
많은 영향을 미쳤는데, 그가 편저한 『보법전기(普法戰記)』, 『법란서지
(法蘭西志)』, 『미리견지(美利堅志)』, 『아지(俄志)』 등은 1900년대 한국 역
사학자들의 세계사 역술의 주요 자료가 되었던 것으로 보인다.
　학부 편찬 『서례수지』는 근대식 학제 도입 직후인 1896년 왕도의
서문을 제외한 상태에서 한문으로 역출(譯出)된 것으로 보인다. 이 책
의 발행 상황은 같은 시기 학부에서 발행한 『공법회통(公法會通)』과

『태서신사남요(泰西新史攬要)』의 '학부 편집국 개간 서적 정가표(學部編輯局 開刊書籍 定價票)'에 이 책명이 등장하는 데서도 확인할 수 있다. 그러나 현재까지 1896년판은 소장처가 확인되지 않고 있으며, 1902년 학부 편집국(學部編輯局) 중간본(重刊本)이 단국대학교 율곡 도서관에 소장되어 있다. 이 판본은 신연활자본(新鉛活字本)으로 선장(線裝) 19장(38쪽), 사주쌍변 반곽(四周雙邊 半郭)의 16.5×12.2cm, 12행 26자의 판본이다. 이 책은 '총설(總說), 결교(結交), 연객(宴客), 배객(拜客), 담서(談敍), 용어(用菸), 의식(衣飾), 취악(取樂), 영사(零事)'의 9장으로 구성되어 있다.

'총설'은 교제의 예가 갖는 의미와 세계 각국에 통행하는 예법을 배워야 하는 이유를 밝힌 장이며, '결교'는 친구를 사귀는 방법으로 '소개하기'와 '천거하기'를 주요 내용으로 하였다. '연객(宴客)'은 손님 맞이 잔치를 의미하며, '배객(拜客)'은 방문 예절에 해당한다. '담서(談敍)'는 대화의 의미와 방법을 설명한 장이며, '용어(用菸)'는 담배와 관련된 예절이다. '의식(衣食)'은 의복을 입는 방법을 뜻하며, '취악(取樂)'은 '음악, 춤, 놀이' 등의 사교 예절을 의미한다. '영사(零事)'는 일상생활의 예절로 이 책의 결론에 해당한다.

이 책은 1902년 학부에서 국문본 『셔례슈지』로 신간(新刊)되었다. 국문본은 52쪽 연활자본으로 크기는 16.5×24cm, 11행 26자이다. 국문본은 한문본과는 달리 한국인이 읽기 쉽도록 번역하였는데, 장의 제목을 의역하거나 일부 내용을 우리나라의 실정에 맞게 바꾼 곳도 있다. 국문본의 장 제목은 '총론, 친구 사귀는 법[結交], 손님을 청호야 잔치호는 법[宴客], 친구 찾는 법[拜客], 친구와 슈쟉호는 법[談敍], 담배 먹는 법[用菸], 의복 입는 법[衣飾], 질기는 일[取樂], 항용 례절[零事]'로 번역하였다.

이번에 엮은 것은 1902년 중간본 『서례수지(西禮須知)』와 언역본 『셔례슈지』, 1886년 왕도의 서문이 소재한 『서례수지(西禮須知)』이다. 자료를 사용할 수 있도록 해 준 세 곳의 관계자 분들께 감사드린다.

서례수지

존 프라이어 著 · 학부 편찬

총론

넷젹에 어진 스람이 교제ᄒᆞᄂᆞᆫ 례를 베푸러 빅셩의 쯧을 뎡케 ᄒᆞ니 이ᄂᆞᆫ 스람마다 잠시 쩌나지 못ᄒᆞᆯ 일이오, 쏘 곳 스람마다 ᄌᆞ긔의 신명과 ᄌᆡ산을 보호ᄒᆞᄂᆞᆫ 울타리라. 만일 이 울타리가 업스면 존비귀쳔 간 교제ᄒᆞᆯ 째에 우미ᄒᆞ고 추솔ᄒᆞᆫ 일이 만을디니 그 문란홈과 방해로옴이 엇더ᄒᆞ리오. 이ᄂᆞᆫ 곳 나라의 법률이라도 능히 억졔치 못ᄒᆞᆯ 비라. 그런 고로, 례라 홈은 난잡ᄒᆞᆫ 폐를 바로잡아 스람으로 ᄒᆞ야곰 평정직케 ᄒᆞᄂᆞᆫ 거시니라.

셰샹에셔 무식ᄒᆞᆫ 사름이 미양 말ᄒᆞ되 례란 거슨 헛된 문치오, 모양이란 거슨 거짓 힝실이니 오활ᄒᆞ고 어리셕은 일이라 ᄒᆞᄂᆞ니 이럿틋 말ᄒᆞᄂᆞᆫ 자ᄂᆞᆫ 례가 스람의게 큰 관계되ᄂᆞᆫ 일을 모로ᄂᆞᆫ 연고ㅣ니라.

쏘 셰계 각국에 풍쇽이 각각 부동ᄒᆞ니 이곳에셔 힝ᄒᆞᄂᆞᆫ 례가 엇지 다 타쳐에 합당ᄒᆞ리오. 이졔 만일 셔양 스람을 딕ᄒᆞ야 ᄂᆡ 풍쇽만 힝코자 ᄒᆞ면 반다시 무식ᄒᆞᆫ 스람을 면치 못ᄒᆞᆯ디니 엇지 가셕지 아니리오. 그런 고로 셰샹에 통힝ᄒᆞᄂᆞᆫ 례를 비호ᄂᆞᆫ 거시 가ᄒᆞ니라.

친구 사귀는 법

사름의 친구 사귀는 법이 두 가지가 잇스니 <u>일은 쇼개흠이오, 일은 쳔거흠이라</u>. 이졔 쇼게와 쳔거ᄒᆞ는 법을 론ᄒᆞ건ᄃᆡ,

쇼개라 흠은 ᄃᆡ뎌 늬가 사귀고자 ᄒᆞ는 사름의게 다른 친구를 거간케 ᄒᆞ야 인ᄉᆞ를 붓치는 거시라. 그러나 이 ᄯᆡ를 당ᄒᆞ야 거연이 힝치 못홀 일이 잇스니 나는 비록 뎌 사람을 사귀고자 ᄒᆞ나 만일 뎌 사람이 불긴이 알던된 이는 욕을 ᄌᆞ취흠이니 엇지 싱각지 아닐 비리오.

이 거슬 미루어 보면 늬가 다른 친구 사귀는 ᄃᆡ 거간흠도 ᄯᅩᄒᆞᆫ 이와 갓타야 두 ᄉᆞ람의 쯧을 알지 못ᄒᆞ면 용이히 홀 빅 아니니라.

ᄯᅩ 늬가 친구의 집에셔 다른 ᄉᆞ람을 만나 피ᄎᆞ간 셔로 사랑ᄒᆞ야 인ᄉᆞ코자 홀던된 비록 쇼개가 업셔도 가ᄒᆞ니 이는 이 ᄉᆞ람이 곳 쥬인의 조하ᄒᆞ는 친구라. 필연 악ᄒᆞᆫ ᄉᆞ람이 아닌 쥴을 아는 연고ㅣ니라.

친구와 갓치 놀나가다가 로샹에셔 홀연이 다른 친구를 만날 ᄯᅢ에는 비록 셩명을 통홀디라도 쇼개ᄒᆞ는 례를 힝치 아닐 거시오 ᄯᅩ 로샹에셔 늬가 아는 친구가 부인과 동힝ㅎ거든 져 부인은 비록 초면이라도 모즈를 벗고 머리를 슈기여 아는 스람과 갓치 례를 힝홀디니라.

므릇 쇼개ㅎ는 일은 미양 나진 스람을 존귀흔 스람씌 쳔거ㅎ는 고로 셔로 보는 씌에 례졀의 층격이 잇거니와 지어 샹등부인이 쳔거ㅎ는 스람은 남즈든지 녀즈든지 그 품위의 존비를 뭇지 아니ㅎ고 다 례로써 디졉ㅎ느니라.

친구를 차질 쌔에 나의 갓가온 벗과 동힝치 아닐 거시오, 그 친구가 함씌 쳥흔 후에야 동힝홀디니 이는 그 친구가 나의 벗을 보고 쇠려홀는지 알 슈 업는 연구ㅣ라. 그러나 늬가 쳥흔 손이 타인과 갓치 오거든 늬 마음에 비록 불합홀디라도 디졉은 후케 홀디니라.

친구간에 졍분이 잇는 거슨 젹지 아니흔 인연이라. 억지로 ㅎ지 못ㅎ는 일이오, 즈연 사랑ㅎ는 마음이 싱ㅎ여야 가홀디니 그러흔 즉 졍의가 샹합ㅎ는 거시 엇지 우연흔 일이리오.

밥집과 술집과 밋 가로샹에서 초면의 스람이 사귀고자 ㅎ거든 곳 깃거 슈졉지 말디니 이는 그 스람의 션악을 아지 못ㅎ미 창졸간에 사귀지 못홀디라. 만일 그 스람이 조흔 뜻이 잇슬딘딘 응당 광명졍디 하나를 볼디니 엇지 이갓치 구챠케 인스ㅎ리오. 또 가려홀 자는 흔 번 사귄 후에는 그 위인이 비록 불가ㅎ야도 졀고키 어렵고 또 타인의게 치쇼를 밧기 쉬우리니 엇지 가셕지 아니ㅎ리오.

친구는 졸연히 졀교치 못홀디라. 만일 큰 관계가 잇셔 부득불 긋을 딘딘 가장 편흔 법이 잇스니 셔로 만날 씌에 악흔 말과 믜워ㅎ는 모양으로 디ㅎ지 말고 디강 인스흔 후 헛된 례로 링담흔 빗츨 낫타너야 져 스람으로 ㅎ야곰 나의 뜻을 알게 ㅎ면 즈연 싱소ㅎ야지느니라.

타인이 나를 조하ᄒᆞᄂᆞᆫ지 믜워ᄒᆞᄂᆞᆫ지 모로거든 먼져 그 스람의 디 접ᄒᆞᄂᆞᆫ 모양을 살피고 ᄯᅩ 별노히 알 도리가 업거든 다만 그 스람의 언어만 보지 말고 그 힝ᄒᆞᄂᆞᆫ 일을 볼 거시오, 만일 존귀ᄒᆞᆫ 스람이어 든 극진이 죠심ᄒᆞᆯ디니라.

타인의 쇼개를 인ᄒᆞ야 사귄 스람은 무단이 절교치 아닐디니 만일 뎔교ᄒᆞ면 그 쇼개ᄒᆞᆫ 스람을 보기 무식ᄒᆞ니라.

시로 장가든 스람은 장가들기 전에 사귄 친구와 정의를 ᄯᅳᆫᄂᆞ니 만 일 장가든 후에라도 녯친구와 의구히 사귀고자 ᄒᆞᆯ딘딘 나의 명함과 니 부인의 명함을 그 친구의게 보닐디라. 그러치 아니면 녯적 친구ᄂᆞᆫ 곳 절교ᄒᆞᆷ과 갓트니라.

이 리치를 말ᄒᆞᆯ딘딘 디뎌 장가들기 전에는 그 친구가 다 조촐ᄒᆞᄂᆞᆫ 지알 슈 업스니 만일 장가든 후에 그런 친구가 자조 와셔 술을 먹든지 ᄯᅩ 혹 부인이 듯기 싃른 말을 ᄒᆞ든지 이거시 다 불가ᄒᆞᆯ ᄲᅮᆫ더러 ᄯᅩ 나는 비록 조하ᄒᆞ나 니 부인의 마음이 엇더ᄒᆞᆯᄂᆞᆫ지도 모로고 ᄯᅩ 시로 장가든 스람은 검소ᄒᆞ고 졀용ᄒᆞᆯ디니 만일 친구가 번다ᄒᆞ야 용도가 과ᄒᆞᆯ딘딘 필경 경가 파산까지도 될디라. 엇지 경계ᄒᆞᆯ 비 아니리오.

이샹은 쇼개ᄒᆞᄂᆞᆫ 법을 말ᄒᆞ얏거니와 이하에ᄂᆞᆫ 쳔거ᄒᆞᄂᆞᆫ 법을 말ᄒᆞ노라.

쳔거ᄒᆞᄂᆞᆫ 법은 니가 타향에 갈 ᄯᅢ에 친구의 쳔거ᄒᆞᄂᆞᆫ 셔간을 어더 그곳 스람의게 붓치ᄂᆞ니 이ᄂᆞᆫ 셔간을 인ᄒᆞ야 져 스람으로 ᄒᆞ야곰 니 가 엇더ᄒᆞᆫ 스람인 줄을 알게 ᄒᆞᆷ이라.

근리 풍속이 쳐음 온 손님을 보면 한번 음식을 디졉ᄒᆞᆯ ᄲᅮᆫ이오, 례 모가 업ᄂᆞᆫ지라. 이에 셰샹에셔 말ᄒᆞ기를 쳔거ᄒᆞᄂᆞᆫ 셔간은 곳 음식

한 상 밧는 표적이라 ᄒᆞᄂᆞᆫ고로 셔간 가진 사람이 민양 즈긔의 톄모를 손상ᄒᆞᆯ가 넘녀ᄒᆞ야 쥬인을 보지 안ᄂᆞᆫ 자ㅣ 잇스니 이러ᄒᆞ면 졍의가 엇지 통ᄒᆞ리오. 오즉 례를 아는 사람은 음식을 디졉ᄒᆞᆯ 씩에 온 손님과 품위가 갓튼 사람으로 ᄒᆞ야곰 디긕케 ᄒᆞ얏다가 그 손의 위인이 합당ᄒᆞ거든 사궐지라. 그러나 디뎌 늬가 보닌 사람이 온 손보다 나진 사람이면 그 마음이 필연 불쾌ᄒᆞ리라.

셔간 가진 사름이 친히 쥬인을 보지 말고 먼져 하인을 식여 셔간을 젼ᄒᆞ고 ᄯᅩ 짜로이 명함에 즈긔의 사관ᄒᆞᆫ 곳을 자셰히 뼈셔 보닉여 쥬인으로 ᄒᆞ야곰 늬가 하여ᄒᆞᆫ 사람인 쥴 알고 긕례로뻐 디졉ᄒᆞ며 병히 회샤케 ᄒᆞᆯ디라. 만일 늬가 친히 쥬인을 보고 셔간을 젼ᄒᆞ면 쥬인이 졸디에 디졉ᄒᆞᆯ 바를 아지 못ᄒᆞ야 피ᄎᆞ간 묵묵히 오릭 샹디ᄒᆞ리니 엇지 무료치 아니리오. 그러나 만일 그 셔간에 다만 쟝ᄉᆞᄒᆞ는 등ᄉᆞ만 의론ᄒᆞ야 친히 가셔 볼 일이어든 타인을 보닉지 아닐디니라.

근릭 사람이 이 법을 아지 못ᄒᆞ고 민양 즈긔가 셔간을 친젼ᄒᆞᄂᆞᆫ자라. 이 씩를 당ᄒᆞ야 쥬인은 셔간을 다 본 후에야 바야흐로 인ᄉᆞᄒᆞᆯ디니 피ᄎᆞ간 그 불안홈과 무미ᄒᆞᆫ 거시 엇더ᄒᆞ며 ᄯᅩ 셔간을 본 후에라도 쥬인이 강잉히 손을 잡고 례를 힝ᄒᆞ면 두 사람의 마음이 더욱 불안ᄒᆞᆯ다라. 그러ᄒᆞ즉 미리 셔간을 보닌 후에 가셔 보는 거시 가ᄒᆞ니 이ᄂᆞᆫ 쥬인으로 ᄒᆞ야곰 먼져 늬가 하여ᄒᆞᆫ 사람인지 알고 미리 엇더케 디졉ᄒᆞᆯ 법을 뎡케 ᄒᆞᄂᆞᆫ 거시 가ᄒᆞ고 ᄯᅩ 쳔거ᄒᆞᄂᆞᆫ 셔간은 밀봉치 말디니라.

손이 셔간을 젼ᄒᆞ거든 쥬인된 법은 곳 회샤ᄒᆞ야 사귀고자 ᄒᆞᄂᆞᆫ 마음을 낫타닐디라. 만을 회샤치 아니ᄒᆞ면 이ᄂᆞᆫ 곳 실례라 후에 비록 후이 디졉ᄒᆞᆯ디라도 젼의 실슈ᄒᆞᆫ 거슬 물을 슈 업ᄂᆞᆫ 고로 반다시 회샤ᄒᆞᄂᆞᆫ 거시 가ᄒᆞ고 ᄯᅩ 한 번 음식으로 디졉ᄒᆞᆯ디니 이ᄂᆞᆫ 곳 쥬인된 직분이니라.

법국 풍쇽은 손이 먼져 쥬인을 찻고, 영국은 쥬인이 먼져 손을 찻
느니 되뎌 서로 온 손으로 ᄒ야곰 싱각ᄒ되 늬가 쥬인을 먼져 찻지
아니ᄒ면 쥬인이 싀려ᄒ리라 ᄒ게 홈이 불가ᄒᆯ다라. 그러나 례모를
아ᄂᆫ 손은 쥬인이 먼져 오기를 기다리ᄂᆞ니 이거슬 보면 법국의 례모
가 영국을 밋지 못ᄒᆰ도다.

므릇 타인의 셔간을 보거든 곳 회답ᄒᆯ다라. 만일 회답지 못ᄒᆯ 스긔
가 잇거든 다만 편지를 바닷다ᄂᆞᆫ 표지라도 뼈셔 쥴다니 이거시 답장
보다ᄂᆞᆫ 못ᄒ나 젼혀 모로ᄂᆞᆫ 톄ᄒ니보다ᄂᆞᆫ 나을다라. 이 일이 비록
져근 일이나 스람의 힝셰가 틱반이나 져근 일에셔 싱ᄒᄂᆞ니 만일 스
람을 가비엽게 알고 례로 뼈 딕졉지 아니ᄒ면 이ᄂᆞᆫ 곳 무례ᄒᆫ 스람이
라, 도로혀 늬 몸을 쳔케 홈이니라.

손님을 쳥ᄒᆞ야 잔치ᄒᆞᄂᆞᆫ 법

잔치ᄒᆞᄂᆞᆫ 법이 자조 변ᄒᆞ야 작년에 셩ᄒᆡᆼᄒᆞ든 법이 금년에 와셔ᄂᆞᆫ 쇽되다 ᄒᆞ야 폐ᄒᆞ기도 ᄒᆞ고 ᄯᅩ 한곳에셔도 피ᄎᆞ간에 당이 갈니여 그 당마다 규모가 판이ᄒᆞ니 만일 그 손된 ᄉᆞ람이 쥬인의 규모를 아지 못ᄒᆞ면 반다시 쇽되다 홀디라. 그러ᄒᆞᆫ즉 셰샹에셔 통용ᄒᆞᄂᆞᆫ 례를 힝ᄒᆞ면 거의 치쇼를 면ᄒᆞ리로다.

손님이 긱당에 모이거든 남ᄌᆞ 손님으로 ᄒᆞ야곰 각각 부인 손님ᄭᅴ 향ᄒᆞ야 ᄃᆡ졉게 ᄒᆞ되 그 법은 남녀간 쥬인된 ᄉᆞ람이 먼져 뎡홀 거시오, ᄯᅩ 그 년긔와 장가들고 아니든 거슬 보아 뎡ᄒᆞᆫ 후 식당에 갈 ᄯᆡ에 다락으로브터 ᄂᆡ려오거든 남ᄌᆞ 손님이 부인 손님ᄭᅴ 길을 양ᄒᆞ야 담과 벽이 갓가온 데로 힝ᄒᆞ게 ᄒᆞ고 [이ᄂᆞᆫ 부인의 근력이 약ᄒᆞᆫ 고로 의지ᄒᆞ기 편게 홈이라] 식당에 이르러ᄂᆞᆫ 부인의 자리를 졍졔히 ᄒᆞ고 ᄌᆞ긔ᄂᆞᆫ 그 겻ᄒᆡ 안지며, ᄯᅩ 부인이 루샹층ᄃᆡ로 ᄂᆡ려올 ᄯᆡ에ᄂᆞᆫ 남ᄌᆞ가 좌우 쪽 간에 한편 팔로ᄡᅥ 붓드러 위티치 아니케 ᄒᆞ고 만일 긱당과 식당이 다 평디에 잇거든 단일 ᄯᆡ에 왼편 팔노 ᄡᅥ 잇그ᄂᆞ니라.

손님 부인을 ᄃᆡ졉ᄒᆞᄂᆞᆫ 남ᄌᆞᄂᆞᆫ 그 차례가 손님 부인을 인ᄒᆞ야 뎡ᄒᆞ

고 남즈의 존비귀쳔을 뭇지 아니ᄒᆞᄂᆞ니 향쟈에 영국 틔즈씌셔 그 부
인으로 더부러 어느 잔치에 갓더니 그 사나히 쥬인이 틔즈 부인을
잇글고 먼져 나오고, 그 녀즈 쥬인은 틔즈를 ᄯᆞ라 동ᄒᆡᆼ홀ᄉᆡ 이러날
ᄶᆡ에 남즈 쥬인이 실례홀가 겁ᄒᆞ야 머리를 도리켜 왈 우리가 참남이
먼져 가오니 틔즈씌셔 죄를 사ᄒᆞ소셔 ᄒᆞᆫ딕 틔즈부인이 위로ᄒᆞ야 왈
이ᄂᆞᆫ 쥬인의 실례가 아니라 ᄒᆞ시고 이에 틔즈부인이 먼져 ᄒᆡᆼᄒᆞ니 이
ᄂᆞᆫ 례법이 원릭 여ᄎᆞ홈이라.

 례를 아는 스람은 타인의 잔치에 쳥ᄒᆞᆫ ᄶᆡ를 어긔지 안코 진시 가거
니와 혹 교만 무례ᄒᆞᆫ 스람은 공연이 ᄶᆡ를 어긔여 왈 늣게 가는 거시
존귀ᄒᆞᆫ 례모라 ᄒᆞᄂᆞᆫ지라. 그러나 이ᄂᆞᆫ 딕불가ᄒᆞ니 만일 열 스람 즁에
팔구인은 먼져 와셔 오릭 기다려도 오지 아니ᄒᆞ면 필연 그 스람의
셩명을 무를디라. 그 칙망을 엇지 면ᄒᆞ리오.

 연셕에 든 후에 쥬인 부인은 안을 향ᄒᆞ야 안ᄂᆞ니 이 ᄶᆡ에 샹등 남
즈 손은 그 부인 우편으로 안소 그 지ᄎᆞ되ᄂᆞᆫ 스람은 그 좌편으로 안
져셔 고기를 버히거나 찬물을 노ᄂᆞᆫ ᄶᆡ에 그 두 스람이 가히 쥬인
부인의 슈고를 더러 딕신ᄒᆞᄂᆞ니라.

 그러나 톄면 잇ᄂᆞᆫ 스람은 쥬인 남녀가 좌우 량편에 안져셔 딕킥홀
거시오 ᄯᅩ ᄆᆡ양 음식을 다른 쳐셔에셔 차리ᄂᆞ니 그러ᄒᆞ면 쥬킥간 슈
쟉에 방이가 업스리라.

 근릭의 규모ᄂᆞᆫ 쥬인 부인이 여러 손님의 뒤를 ᄯᆞ라 식당에 가거니
와 만일 황죡 [황제의 일가]의 친왕이 손님 즁에 잇스시면 곳 인도ᄒᆞ
야 먼져 ᄒᆡᆼ케 ᄒᆞᄂᆞ니라.

 ᄯᅩ 연셕에셔 남자 쥬인은 밧겻흘 향ᄒᆞ야 안ᄂᆞ니 이 ᄶᆡ에 그 오른편

에는 샹등긱이 안ᄉᆞ 원편에ᄂᆞᆫ 그 ᄎᆞᆼ등되ᄂᆞᆫ 부인이 안지되 남녀가 셔로 간격ᄒᆞ야 버러 안질 거시오, 그 손님의 수효ᄂᆞᆫ 열 ᄉᆞ람이 가장 합당ᄒᆞᄂᆞ니라.

손님 압희 반다시 결빅ᄒᆞᆫ 슈건을 노을디니 이ᄂᆞᆫ 입을 씻고 손을 닥ᄂᆞᆫ 긴요ᄒᆞᆫ 물건이라. 만일 슈건이 업스면 반다시 상ᄯᆞᆫ나 혹 손님의 슈건을 쓰리니 이ᄂᆞᆫ 츄ᄒᆞᆫ 일이니라.

영국 녯젹 규모ᄂᆞᆫ 탕과 고기를 먹은 후에 술먹기를 피ᄎᆞᆫ 권ᄒᆞ더니 근릭에ᄂᆞᆫ 술 맛튼 하인이 술을 가지고 손님의 량되로 싸라드리거니와 만일 녯규모를 ᄎᆞᆺ는 손님이 잇셔 먹기를 권ᄒᆞ거든 남녀가 다 ᄉᆞ양치 못ᄒᆞᆯ디라. 그러나 닉 마음되로 약간 먹어도 가ᄒᆞ며 ᄯᅩ 혹 품위와 년긔가 놉흔 ᄉᆞ람이 술을 지목ᄒᆞ야 권ᄒᆞᆯ 씩에 닉가 그 술을 본릭 싀려ᄒᆞ거나 혹 먹기 어렵거든 다른 술을 쳥ᄒᆞᆯ디니라.

므릇 잔치든지 항용 찬슈라도 싱션구이ᄂᆞᆫ 그 둡거운 쪽으로 버히되 쳑슈로 론ᄒᆞ면 한이 반이 되ᄂᆞᆫ 거시 가장 야르니 만일 더 야르면 샹품이 아니니라.

무슨 음식이든지 칼로 찍어 먹지 말고 삼지창 갓치 민든 양겨와 ᄯᅩ 양시를 쓸지니 되뎌 칼이란 거슨 음식을 버힐 ᄲᅮᆫ이니라.

밥 먹을 씩에 손님이 탕을 쳥ᄒᆞ거든 그 탕을 그릇 가온되 잇ᄂᆞᆫ 음식 우희 쏫지 말고 반다시 그 그릇 가 쪽 븨인 곳에 부을 거시오, ᄯᅩ 고기 나누기를 쳥ᄒᆞ거든 믹인 젼에 한 조각식 노을디라. 만일 과히 노으면 속되다 ᄒᆞᄂᆞ니라.

탕을 나누는 법은 믹인 젼에 양시로 한 술식 분비ᄒᆞ고 싱션구이

나눌 찐에는 특히 은칼과 은삼지창을 쥰비ᄒᆞᆯ디라. 만일 시우쇠칼로 뼈 싱션구이를 버히면 맛시 변키 쉽고 또 싱션구이와 갓치 먹ᄂᆞᆫ 탕은 그 신 셩질이 초맛과 근ᄉᆞᄒᆞ야 칼을 ᄃᆡ이면 칼에셔 녹이 싱ᄒᆞ야 싱션 맛을 변ᄒᆞᄂᆞᆫ지라. 근ᄅᆡ에ᄂᆞᆫ 특히 싱션 버히ᄂᆞᆫ 은칼과 싱션을 먹ᄂᆞᆫ 은삼지창을 ᄆᆡᆫ들며 또 도은ᄒᆞᆫ 것도 잇스니 이거시 오른이라.

ᄃᆡ뎌 음식 먹ᄂᆞᆫ 법이 다만 양시와 삼지창으로뼈 먹을 음식은 칼을 놋치 아니ᄒᆞᄂᆞ니 이ᄂᆞᆫ 음식 차리ᄂᆞᆫ ᄉᆞ람의 분ᄂᆡᄉᆞᆼ 또 음식 먹ᄂᆞᆫ 법이 씹ᄂᆞᆫ 소리를 ᄂᆡ지 말고 또 크게 수움쉬지 말며 탕을 마실 찐에 소리를 ᄂᆡ지 말 거시오, 반ᄃᆞ시 몸을 졍졔히 ᄒᆞ고 양시로 뼈 써셔 먹을디라. ᄃᆡ뎌 양도란 거슨 음식을 버힐 ᄲᅮᆫ이오, 삼지창이란 거슨 음식을 찔너 입에 넌ᄂᆞᆫ 거시니라.

손님이 말ᄒᆞ되 나ᄂᆞᆫ 아모 음식을 못 먹ᄂᆞᆫ다 ᄒᆞ거든 권ᄒᆞ지 말고 또 기즁 죠ᄒᆞᆫ 음식을 가르쳐 왈 이거슨 아모 ᄉᆞ람이 죠하ᄒᆞᆫ다 ᄒᆞ지 말 거시오, 또 쥬인된 ᄉᆞ람은 맛당히 싱각ᄒᆞ되 ᄂᆡ가 질기ᄂᆞᆫ 음식을 손님이 의례히 죠하ᄒᆞᆯᄂᆞᆫ지 모를 거시오, 또 손님이 나의 권을 이긔지 못ᄒᆞ야 억지로 먹으면 엇지 불안치 아니리오 ᄒᆞᆯ디니라.

므릇 음식을 먹더가 니를 쑤시ᄂᆞᆫ 거시 가장 츄ᄒᆞᆫ 일이라. 그러나 혹 부득이ᄒᆞᆫ 찐에ᄂᆞᆫ 타인의 보지 안케 ᄒᆞᆯ디니라.

상탁을 분비ᄒᆞ고 음식을 드리ᄂᆞᆫ ᄉᆞ람이 결ᄇᆡᆨᄒᆞᆫ 슈건으로 뼈 큰 손가락을 덥ᄂᆞ니 이ᄂᆞᆫ 음식 그릇을 들 찐에 손가락이 그릇 속에 드러가 부졍ᄒᆞᆯ가 념녀ᄒᆞᆷ이오, 근ᄅᆡ에ᄂᆞᆫ ᄆᆡ양 흰쟝갑을 ᄭᅵᄂᆞ니라.

과실을 먹을 찐에 손 씨슬 유리완을 드러거든 그 물을 찍어 입살을 닥고 수건으로 손을 씨슬지라. 만일 그 물로 뼈 양치ᄒᆞ면 크게 츄ᄒᆞ

니라.

영국이 슈십년 전에는 잔치홀 쩌에 전혀 술 권흥기를 조하흥야 억지로 먹이더니 근릐에는 풍쇽이 변흥얏스나 딕뎌 술이란 거슨 손님의 마음을 화챵코쟈 흠이어늘 엇지 이쳐럼 강권흥리오.

과실을 먹을 째에 늬가 손님 부인을 위흥야 귤과 빗의 겹질을 즈쳥흥야 벗기지 말고 만일 그 부인이 쳥흥거든 손을 딕이지 말고 삼지창으로 과실에 쏫고 칼로써 벗기며 그 과실이 너무 크거든 다른 손님과 갓치 나눌디니라.

과실을 먹은 후에 가비차를 드리는 거시 가장 조혼 법이니 딕뎌 손이 일이 잇거든 차를 마신 후 곳 작별홀 거시오 일이 업거든 긱당에 가셔 손님 부인과 슈쟉흥고 결단코 식당에셔 오릭 안져 술을 토식지 말 거시오, 쏘 가비차를 드리는 법은 시간을 뎡흥야 미리 하인의게 분부홀디라. 만일 스람을 불너 차를 드리라 흥면 손의 마음이 필연 불안흥야 왈 이는 술을 익긴다 홀디니 엇지 불안치 아니리오.

딕뎌 가비차를 드리는 법이 뎡흔 시간이 잇스니 만일 칠졈 죵에 식당에 드러갓거든 십졈 죵 쯤에 드릴디니라.

근릐에는 이 법이 변흥야 긱당으로 차를 보늬고 만일 손이 젹거나 쏘 급히 노리쟝에 가고쟈 흥면 곳 식당으로 드리느니라.

쏘 셔양 풍쇽에 가비차를 먹은 후 싸로히 아롬다온 술 여러 가지를 늬여 임의로 먹게 흥는 법이 잇스나 이는 아담흔 일이 아니니라.

므릇 쥬인의 하인과 말홀 쩌에 위엄 잇는 톄 말고, 쏘 일을 식키고자 ㅎ거든 곳 간절이 일너 왈 그디의 어려운 일을 청ㅎ노라 ㅎ면 그 하인이 도로혀 감샤ㅎ야 극진히 거힝ㅎㄴ니라.

좌샹에셔 하인이 조심치 못ㅎ야 긔명을 ᄭ치거나 ᄯ 혹 우쥰무식ㅎ야 손님으로 ㅎ야곰 불편케 ᄒᆞᆯ디라도 쥬인이 당면에셔 ᄭᅮ지지면 하인은 더욱 심망의축ㅎ고 ᄯ 손님이 다 알게 되ㄴ니라.

아담ㅎ 사람은 좌샹에셔 잠간 보아도 분변ᄒᆞᆯ 거시오, 본리 용속ㅎ 사람은 다만 언어와 의복을 장식ㅎ야 잠시ㄴ 드러나지 아니ㅎ나 필경 한번 음식 먹ㄴ 동안에도 탄로되ㄴ 쟈ㅣ 마ㄴ니라.

타인의 집에 드러갈 ᄯᅢ에 모ᄌᆞ와 밋 웃옷[양복 우희 덧입ㄴ 옷]을 입고 바로 긱당에 들지 말고 곳 긱당 드러가ㄴ 협방[의관 거ㄴ 쳐소]에 버셔 거ㄴ 거시 가ᄒᆞᆯ디라. 혹 샹등인은 모ᄌᆞ와 웃옷을 긱당에 거럿다가 음식 먹을 ᄯᅢ에 쥬인의 하인이 그 협방으로 가져가ㄴ니라.

므릇 청빈ㅎㄴ 셔간에 녀ᄌᆞ 쥬인의 일홈이면 ᄌᆞ연 녀ᄌᆞ 쥬인의게 답장ㅎ려니와 불연ㅎ야 남ᄌᆞ 쥬인의 일홈으로 청ㅎ얏슬디라도 ᄯᅩ한 녀ᄌᆞ 쥬인의게 답장ᄒᆞᆯ 거시오 [이ㄴ 잔치 등ᄉᆞ를 무인이 전혀 맛튼 연고ㅣ라] 되뎌 청빈ㅎ야 츔츄ㄴ 회에 가ㄴ 거슨 반다시 녀ᄌᆞ 쥬인의 일홈이오 답장도 ᄯᅩ한 녀ᄌᆞ 쥬인의게 ㅎㄴ니라.

타인 잔치에 갓거든 그 잇튼날이나 혹 수일ᄂᆡ에 그 집에 가셔 녀ᄌᆞ 쥬인의게 샤례ᄒᆞᆯ 거시오, 만일 의원이나 문무 관원의 미일 일이 잇ㄴ 사람은 이런 례졀을 차리기 어렵고 그 녀ᄌᆞ 쥬인으로 론ㅎ야도 그 사람들이 실례ㅎ엿다 ㅎ기 어려우니 이ㄴ 미일 ᄉᆞ무가 잇ㄴ 연고ㅣ니라.

시로 장가든 사람은 젼례를 따라 이왕 친구 즁의 장가 아니든 사람을 쳥ᄒ야 잔치ᄒ면 그 친구ᄂᆞᆫ 곳 졀교ᄒᆞᆯ 줄을 알 거시오 장가든 후에 ᄌᆞ긔의 명함과 신부의 명함을 보ᄂᆡ면 이ᄂᆞᆫ 셔로 샹죵ᄒ야 졀교치 아니ᄒᆞᆷ을 알디니라.

친구 찻는 법

므릇 부인을 찻는 법은 오후 삼 졈 죵 이젼에 가지 아닐디니 이는 그 부인이 집안 일로 결을이 업슬가 념녀홈이오, 쏘 오 졈 죵 후에는 가지 안느니 이는 그 부인이 놀기를 인호야 집에 업슬가 념녀홈이니라.

회샤호는 법은 문젼에셔 명편을 드리고 곳 도라가느니 만일 오젼에 갓다가 그 부인이 특별히 쳥호야 드러갈디라도 오릭 안디 말디니 이것도 쏘흔 그 부인의 ᄉ무를 방해홀까 념녀홈이니라.

그 집에 드러갈 쩍에 모ᄌ와 집핑이를 가지고 식당까지 드러가지 말디라. 만일 불연호면 그 부인이 조하 아니호리니 이는 타인의 집을 ᄌ긔집과 갓치 안다 홈이니 엇지 실례가 아니리오.

므릇 타쳐로 좃차 고향에 도라오면 응당 아는 친구의게 긔별홀디라. 그 법이 명편에다가 ᄌ긔의 당장 거쳐호는 곳을 뻐셔 보닐 거시오 만일 ᄌ긔의 쌀이 잇셔 이왕에 그 손님을 보든 터이면 그 일홈을 제 모친 명편에 붓쳐 긔록호야 보닐디니 딕뎌 모녀의 몃 ᄅ람은 다만 명편 한 장이 죡호고 만일 늬가 긔별호는 부인의게 쌀이 잇거나 혹

그 부인의 형뎨가 동거ᄒ거든 나의 명편 ᄒ 쪽 머리를 썩거 보닐디니
이ᄂ 그 집안에 잇ᄂ 여러 부인의 례ᄒᄂ 뜻이니라.

사나히 잇ᄂ 부인이 친구를 차질 ᄯ에ᄂ ᄌ긔 남편의 명편까지 함
ᄭ 보닉ᄂ니 이 ᄯ를 당ᄒ야 친히 회샤ᄒ다 ᄒ고 하인으로 ᄒ야곰
제 명편을 보닉고 필경 친히 가지 아니ᄒᄂ 쟈ㅣ 잇스니, 이ᄂ 극히
불경ᄒ 일이라. 그러나 만일 져 친구의게셔 온 명편에 다만 문안ᄒ엿
거든 회샤ᄒᄂ 명편을 하인만 보닉여 젼ᄒ야도 가ᄒ니라.

셔양국 즁 몃나라에셔ᄂ ᄌ긔 명편에다가 친히 그듸 집에 앗다ᄒ
고 다만 하인으로 ᄒ야곰 그 명편을 젼ᄒᄂ 스람이 잇스니 이ᄂ 쥬인
을 속이ᄂ 일이라. 영국 스람 하나히 이 법을 비와 명편에다가 친히
왓다 ᄒ고 하인으로 ᄒ야곰 젼홀ᄉ 공교히 그 쥬인이 나왓다가 이거
슬 보고 그 하인과 갓치 셔로 웃고 허여졋ᄂ니라.

만일 장가든 친구가 인위 그 부모의 집이나 혹 친척의 집에 잇거든
가셔 보ᄂ 스람이 명편 우히 그 친구의 셩명을 쓸디라. 만일 그러치
아니면 그릇 젼ᄒ기 쉬우니라.

법국에셔ᄂ ᄉ집간 부인이 명편에다가 ᄌ긔의 셩과 밋 그 남편의
셩을 뼈셔 보닉ᄂ니 이ᄂ 그곳에 혹 셩명이 갓튼 쟈ㅣ 잇셔 분변키
어려울가 념녀홈이라. 이 법을 영국에셔ᄂ 힝치 아니ᄒ고 혹 잇셔도
즁인의 우슴을 밧ᄂ니라.

잔치홀 ᄯ에 반다시 피ᄎ간 다 아ᄂ 스람이어나 ᄯ 혹 셔로 알고자
ᄒᄂ 스람을 쳥ᄒ거니와 만일 명망 잇ᄂ 듸빈을 쳥ᄒᄂ 법은 이젼례
와 다르니라.

므릇 손님을 쳥ᄒᆞ야 노리쟝에 갈 쩍에 미양 셔로 만나 다만 면쳥ᄒᆞ고 셔간을 보ᄂᆡ지 아니ᄒᆞ며 쏘 혹 초면으로 가ᄂᆞᆫ 스람도 잇ᄂᆞ니 이 쩍를 당ᄒᆞ거든 먼져 그 스람의 부인을 보고 오ᄂᆞᆫ 뜻을 말ᄒᆞ디니, 이ᄂᆞᆫ ᄂᆡ가 비록 그 남ᄌᆞ의 말은 드럿스나 그 부인이 아지 못ᄒᆞ얏다가 모힐 쩍에 혹 남ᄌᆞ가 츌타ᄒᆞ야 부인의게 쇼개ᄒᆞᆯ 스람이 업스면 이 쩍에ᄂᆞᆫ 면모가 싱소ᄒᆞ야 괴이ᄒᆞᆫ 모양을 면치 못ᄒᆞ리니, 오즉 먼져 부인을 보거나 혹 명편을 보ᄂᆡ야 통긔ᄒᆞᄂᆞᆫ 거시 가ᄒᆞ니라.

법국 스람은 ᄌᆞ녀를 낫커나 혼상을 당ᄒᆞ면 각 친구의개 통긔ᄒᆞᆯ식 그 편지를 봉치 아니ᄒᆞ고 쏘 친쳑의게ᄂᆞᆫ 붓으로 쎠셔 보ᄂᆡ고 친구의게ᄂᆞᆫ 먹으로 빅혀 보ᄂᆡᄂᆞ니라.

친구와 슈쟉ᄒᆞᄂ 법

손님을 쳥ᄒᆞᄂ 뜻은 질겁고자 홈이오 시비ᄒᆞ기를 원ᄒᆞᄂ 빈 아니어늘 엇던 스람은 즁인이 모힌 ᄯᅥ에 미양 먼져 긔단ᄒᆞ야 왈 나ᄂ 올코 여러 스람은 그르다 ᄒᆞᄂ니 이 ᄯᅥ에 젼혀 박론ᄒᆞᄂ 스람이 업스면 도로혀 무미ᄒᆞ니라. 그러나 박론ᄒᆞᄂ 법이 융용ᄒᆞ고 아담ᄒᆞ야 실톄치 아니ᄒᆞᄂ 거시 가장 조흔 일이니라.

ᄯᅩ 이 ᄯᅥ에 나도 박론ᄒᆞᆯ 뜻이 잇스나 즁인이 조하ᄒᆞ지 안커든 곳 묵묵히 안져셔 그 말ᄒᆞᄂ 스람 하나로 ᄒᆞ야곰 통쾌이 박론ᄒᆞ야 즁인이 질겁게 ᄒᆞᆯ디니 이 스람은 박론ᄒᆞᄂ 스람보다 도로혀 득톄가 되ᄂ니라.

스람이 말ᄒᆞ다가 혹 실수ᄒᆞᆯ디라도 곳 박론치 아닐 거시오, 만일 심ᄒᆞ야 분노ᄒᆞᆯ 지경에 이르면 큰 실례라. 므릇 무례힌 쟈가 언어 용모 간에 실례ᄒᆞᄂ 일이 잇거든 당장에 아른 톄ᄒᆞ거나 ᄯᅩ 칙망치 말고 맛당히 모로ᄂ 드시 심상케 볼딘된 그 스람이 ᄌᆞ연 ᄭᅵ닷ᄂ니라.

므릇 다른 스람들이 나의 붕우와 친쳑 간의 단쳐를 말ᄒᆞᄂ 쟈ㅣ

잇슬디라도 나를 뒤흐야 당면에 흔 말이 아니어든 아른 톄흘 비 아니니 뒤뎌 텬하 사람 중에 누가 허물이 업스리오. 그러흔즉 당장에 박론흐는 거시 도로혀 불가흐니 이는 말흐든 사람들로 흐야곰 빙거가 잇게 흠이오 나의 붕우 친척은 그른 것이 더욱 드러나느니라.

므룻 슈쟉 간에 능히 자미 잇는 말로 피츠 화답흐면 크게 질거울디니 비컨뒤 부쇠똘이 부쇠를 만남과 갓타야 셔로 씌리면 불이 이러나고 여러 사람 중에 그 자미 잇는 말을 아는 쟈는 비컨뒤 밀칠흔 죠회와 갓타야 졔가 발게 흐는 지됴는 업스나 불을 당긔면 통명케 흐는 밧탕이 잇는지라. 만일 말흐는 사람은 비록 자미 잇게 흐나 듯는 사람이 용녈흐야 그 의취를 모로면 엇지 답답지 아니리오. 그런 고로 잘 듯는 사람을 만나야 피츠 질거우니라.

슈쟉 간에 잘못흐는 사람이 잇거든 곳 면뒤흐야 말흐거나 그러치 아니면 말을 아니흐는 거시 올코 결단코 다른 사람을 향흐야 가만이 그 사람의 그른 거슬 말흐지 아닐디니, 이 쎄에는 그 사람이 즈긔의 말인지 아지 못흐야 변빅지 못흐느니라.

사람을 부르는 법이 각각 합당흔 칭호가 잇스니 만일 그룻 말흐면 용쇽흔 거슬 면치 못흐야 실례가 되느니라.

사람을 만나셔 위엄을 낫타뉘는 거슨 그 사람으로 흐야곰 늬가 샹등인인 쥴을 알게 흠이라. 그러나 샹등인은 결단코 이런 틱도가 업슬 거시오, 또 슈쟉 간에 고셩흐거나 크게 웃지 아닐디니 이는 다 쇽된 일이오, 뒤뎌 샹등인은 언어와 셩음이 다 크지 아니흐느니라.

사람이 만날 쎄에 반다시 언어를 삼가고 또 항상 한가지 일만 말흐지 말 거시오, 또 즁인이 모혀 오릭도록 언어가 업스면 고젹흘디니,

반다시 한 일을 이르켜 말ᄒᆞᄂᆞᆫ 거시 가ᄒᆞ니라.

싱소ᄒᆞᆫ 손과 말ᄒᆞᆯ 시에ᄂᆞᆫ 언어를 삼갈 거시오, ᄯᅩ 자랑ᄒᆞ야 ᄌᆞ긔가 무소부지ᄒᆞᄂᆞᆫ 톄 말디라. 만일 그 손이 지됴가 놉ᄒᆞᆯ딘딘 너의 자랑ᄒᆞᆫ 모양이 더욱 붓그러우니라.

학문이 젹을슈록 말을 젹게 ᄒᆞᄂᆞᆫ 거시 가ᄒᆞ니 이ᄂᆞᆫ 타인의 치쇼를 면ᄒᆞᄂᆞᆫ 방법이라. 만일 학문을 과히 자랑ᄒᆞ면 즁인이 필연 론박ᄒᆞᆯ 거시오, 가령 셰상일을 다 알디라도 언어ᄂᆞᆫ 됴심ᄒᆞᆯ디니라.

즁인이 모인 즁에 한 사람이 븨인 구셕에셔 타인과 가만이 말ᄒᆞ거나 ᄯᅩ 혹 여러 사람 즁에셔 머리를 기우리고 귀에 말ᄒᆞᄂᆞᆫ 거시 다 아담ᄒᆞᆫ 사람의 일이 아니오, ᄯᅩ 례빙당이나 각 아문 등디에셔 즁인과 일을 강론ᄒᆞᆯ 씩에ᄂᆞᆫ 듯ᄂᆞᆫ 사람이 다 언어를 긋칠디니 이ᄂᆞᆫ 강론ᄒᆞᄂᆞᆫ 일에 방해가 될가 념녀ᄒᆞᆷ이니라.

ᄯᅩ 친구의 집이어나 닉 집에셔라도 손이 잇ᄂᆞᆫ 씩에ᄂᆞᆫ 몸을 졍졔히 ᄒᆞ야 의지치 말고 ᄯᅩ 다리를 ᄲᅢᆺ지 말며 교의 압다리를 밥지 말고 상에 비스듬이 눕지 말디니 이ᄂᆞᆫ 다 실례와 불경ᄒᆞᆫ 일이오, 부인 압히 셔ᄂᆞᆫ 더욱 불가ᄒᆞ니라.

사람과 슈쟉ᄒᆞᆯ 씩에 ᄌᆞ긔의 싱업을 말ᄒᆞ지 아닐 거시오, 부인씌ᄂᆞᆫ 더욱 불가ᄒᆞ니 만일 말ᄒᆞ면 그 사람의 싱각에 이 사람은 그 싱업 외에ᄂᆞᆫ 아ᄂᆞᆫ 거시 업다 ᄒᆞ야 벽노히 다른 말이 업슬디라. 곳 빅 부리ᄂᆞᆫ 사람은 힝션ᄒᆞᄂᆞᆫ 딕 위험ᄒᆞ다 ᄒᆞᆷ과, 법률 아ᄂᆞᆫ 사람은 긔괴ᄒᆞᆫ 옥ᄉᆞ를 말ᄒᆞᆷ과, 교ᄉᆞᄂᆞᆫ 교당의 ᄉᆞ졍을 말ᄒᆞᆷ과 갓타야 다 츄외의 식견이 업ᄂᆞᆫ 증거가 될 거시오, ᄯᅩ 부인 잇ᄂᆞᆫ 딕 다만 남ᄌᆞ의 일로 산양ᄒᆞ다 빅를 탄다 ᄒᆞᄂᆞᆫ 말이 ᄯᅩ흔 속되야 아담치 못ᄒᆞ며, ᄯᅩ 부모된 쟈ㅣ 그 ᄌᆞ녀의 괴이흔 언어와 총명흔 일을 말ᄒ지 아닐디니, 이ᄂ 이 일이 비록 즈긔의게ᄂ 자미가 잇스나 여러 스람이 다 올케 알디 모로며 ᄯᅩ 자미 업고 긴 말을 ᄒ지 아닐디니 이ᄂ 즁인이 듯기를 조하 아닐 ᄲᅢᆫ더러 ᄯᅩ 즁인으로 ᄒ야곰 헐 말이 업셔셔 억지로 긱담흔다 ᄒ딜니라.

영국 글에 말ᄒ얏스되, 즁인이 언론흔 일은 밧 겻히 파젼치 못흔다 ᄒ얏스니 이ᄂ 오른 일이라. 만일 그러치 아니면 악흔 스람이 기간에 셔 흥와조산ᄒᄂ니라.

스람이 슈쟉홀 ᄯᅥ에 타인의 우렬을 말 아니키 어려우니 디뎌 스람 의 심디와 셩졍은 다 가히 타인의 의론홀 비라. 만일 그러치 아니면 이 스람이 져 스람의 시비션악을 모를 거시오, ᄯᅩ 스람이 셩인이 아 니면 엇지 허물이 업스리오. 그런고로 하자 업ᄂ 스람이 쉽지 아니ᄒ 거늘 엇더흔 괴이흔 스람은 친구의 집에 왕릐ᄒ야 말 젼ᄒ기로 일을 삼다가 스람의 허물을 드르면 급히 나가셔 셰샹에 젼파ᄒ니 비컨딕 박가가 김가의 단쳐를 말ᄒ면 곳 김가의 집에 가셔 박가가 너의 허물 을 말흔다 ᄒ야 김가와 박가로 ᄒ야곰 피츠 원슈가 되게 ᄒ고 져ᄂ 기간에 싸홈을 붓치ᄂ 거스로 승스를 삼ᄂ니 이런 스람은 먼리 홀디 니라.

영국 셔울 논돈의 샹품인은 피츠 간에 은휘치 아니ᄒ고 심즁스를 다 말ᄒᄂ니 이ᄂ 피츠 셔로 밋고 타인의게 젼치 아니홀 쥴을 아ᄂ 연고ㅣ니라.

담배 먹는 법

담배 먹는 법은 극히 됴심홀디니 디뎌 군ᄌᄂ 타인의 싀려ᄒᄂ 일은 힝치 아니ᄒ고 ᄯᅩ 말ᄒ지 아니ᄒᄂ니 그러ᄒᆫ즉 담배로 뻐 타인의게 견증홀 빅 아니라. 만일 먹고자 홀딘된 타인이 뵈지 아니ᄒᄂ 벽 정쳐에 가셔 먹을 거시오, 먹은 후에라도 담배 연긔로 ᄒ야곰 의복에 비지 아니케 ᄒ고 가장 조흔 법은 담배 먹은 후에 의복을 박과 입고 양치ᄒ고 ᄯᅩ 니를 닥근 후에 비로소 ᄉ람을 디홀 거시오, ᄯᅩ 파와 마눌 갓튼 거슬 먹엇거든 녀ᄌ와 샹디치 못홀디니, 이ᄂ 그 닙싀가 담배와 갓튼 연고오, 통히 먹고 아니 먹는 거슬 녀ᄌ의 ᄯᅳᆺ디로 ᄯᅡ라 힝홀디니라.

디뎌 담배란 거슨 먹ᄂ ᄉ람의게만 합당ᄒ고 타인의게ᄂ 불가ᄒ니 이ᄂ 연긔가 공긔로 ᄒ야곰 츄악케 ᄒ야 타인이 견디지 못ᄒ게 흠이라. 디뎌 공긔란 거슨 ᄉ람마다 마시ᄂ 거시어늘 나의 한 몸을 인ᄒ야 타인으로 ᄒ야곰 불편케 ᄒ니 엇지 올타 ᄒ리오. 혹 말ᄒ되 담배가 ᄉ람의게 유익ᄒ다 ᄒ나 이ᄂ 담배쟝ᄉ의 말이라. 미들 빅 아니니라.

의복 입는 법

의복과 패물을 시 시톄로 갈마드리는 거슨 곳 속된 일이어늘, 근릭 스람들이 의복을 찬란히 입고 조흔 시계와 단츄 등을 몸에 지니고 양양ᄌ득ᄒ야 뼈 ᄒ되 이는 나의 호화로온 톄면이라 ᄒᄂ니, 그러나 스람의 톄면이란 거슨 외식에 잇지 아니ᄒ고 힝실에 잇스니 오즉 갓과 옷과 신과 슈건 등물이 다 졍결ᄒ얏스면 족ᄒ디라. 만일 시속을 짜라 회괴흔 의복을 입으면 이는 타인으로 ᄒ야곰 이상이 알 쑨 아니오, ᄯ 의복이란 거슨 그 스람과 샹당ᄒ여야 가흘디니 만일 외모가 아람다온 스람은 의복이 과흘디라도 오히려 무방ᄒ거니와 만일 모양이 츄루흔 쟈ㅣ 의복만 호사ᄒ면 이는 스람의 치쇼를 ᄌ취흠이니 딕려 의복은 몸에 편ᄒ기만 취흘디라. 만일 과ᄒ면 보는 쟈ㅣ 의심흘 거시오, ᄯ 샹등인은 그 스람을 가부야이 아ᄂ니라.

ᄯ 모양을 심히 보는 사람은 출입흘 쩌에 금은과 보셕으로 믿든 패물을 가지ᄂ니 그러나 스람마다 엇지 슈즁에 돈이 넉넉ᄒ리오. 이에 우심흔 쟈는 젹근 돈을 가지고 갸쯔로 믿든 거슬 사거나 혹 셰를 닉여 젼신이 찬란케 ᄒ야 잠시라도 로상인을 속이고쟈 ᄒᄂ니 이 엇지 가쇼롭지 아니리오.

부인의 의복은 일뎡흔 규모가 업거늘 향곡간 부녀들은 샹등 부인이 챠를 타고 단일 ᄯᅦ에 그 의복이 화려흔 거슬 보고 말ᄒᆞ되 이 의복이 아니면 불가ᄒᆞ다 ᄒᆞᄂᆞ니 그러나 챠 탈 ᄯᅦ의 의복과 거러단일 ᄯᅦ의 의복이 크게 판이ᄒᆞ야 샹등 부인도 거러단이ᄂᆞᆫ 의복은 다 간편케 ᄒᆞ야 오젼에ᄂᆞᆫ 보비로온 패물을 차지 아니ᄒᆞ고 혹 찰지라도 ᄯᅩᄒᆞᆫ 간편흔 패물을 차고 지어 광치 잇ᄂᆞᆫ 구슬과 보셕은 손님과 야연홀 ᄯᅦ에 차ᄂᆞ니라.

스람의 질기ᄂᆞᆫ 바를 보면 그 어리셕은 거슬 알 거시로되 기즁 더욱 알기 쉬운 거슨 식 시뎨 의복을 모ᄯᅳᄂᆞᆫ 스람이라. 이 스람은 타인의 모양을 살피되 다만 의복ᄲᅮᆫ 아니라 심지어 슈염은 엇더케 ᄶᅡ며 ᄯᅴᄂᆞᆫ 엇더케 민드ᄂᆞᆫ지 이러흔 미셰ᄉᆞ라도 ᄌᆞ셰히 보아셔 즉시 본밧기를 유공불급ᄒᆞᄂᆞ니 이는 쥬심이 업ᄂᆞᆫ 일이라. 디뎌 아담흔 스람은 ᄌᆞ긔의 곱고 츄흔 거슬 ᄌᆞ연 분변ᄒᆞᄂᆞᆫ 고로 타인을 ᄯᆞ라 조셕변기치 아니ᄒᆞ고 혹 변홀디라도 ᄌᆞ긔 몸에 합당케 ᄒᆞ야 스람의 조쇼를 밧지 아니ᄒᆞᄂᆞ니라.

질기는 일

셔양 스람이 모일 씨에 미양 노는 거시 셰 가지가 잇스니 일은 풍뉴오, 일은 춤 츄는 거시오, 일은 투젼ㅎ는 거시라. 이 일을 론ㅎ건디

풍뉴란 거슨 풍뉴를 조하ㅎ는 스람이 미양 싱각ㅎ되 풍뉴소리는 스람마다 질기는 거시라 ㅎ야 만일 노리와 거문고 타기를 쳥ㅎ는 쟈ㅣ 잇스면 곳 혼연히 입을 놀니고 손을 운동ㅎ야 소리를 끈치지 아니ㅎ다가 필경은 스람으로 ㅎ야곰 염증이 나게 ㅎ느니 이 씨를 당ㅎ야 긋치라 훌던딘 그 스람을 박디홈이오, 그디로 잇자 ㅎ면 즁인을 괴롭게 홈이니 이것도 쏘흔 례모에 손상ㅎ는 일이라. 녯젹에 한 스람이 풍뉴ㅎ는 회를 모와 유명흔 악공을 쳥ㅎ야 오리 노랏더니 급기 파연시에 타국 스람 하나히 좌상에 안젓다가 손바닥을 두다리고 크게 외여 왈 다힝ㅎ다 이 소리가 그첫다 ㅎ니 그 괴로온 줄을 알니로다.

풍뉴 소리를 나는 비록 조하 아닐디라도 고요히 안져 헌화치 말디라. 그러치 아니면 듯고자 ㅎ는 스람의게 방해될 쑨더러 쏘 풍뉴ㅎ는 스람의게 미안을 당ㅎ느니라.

여러 사람이 모아 밤이 맛도록 이야기만 ᄒᆞ면 무미ᄒᆞ더니 잠시간 노릐와 풍뉴ᄒᆞᄂᆞᆫ 것도 ᄯᅩᄒᆞᆫ 가ᄒᆞᆯ다라. 그러나 뎌 사람의 쳥ᄒᆞᄂᆞᆫ 바를 드러 한 두 곡됴를 부르ᄂᆞᆫ 거ᄉᆞᆫ 가커니와 만일 나의 직됴를 자랑코자 ᄒᆞ야 오륙장이나 칠팔장을 부르면 듯ᄂᆞᆫ 사람이 필연 불긴이 알디니 이ᄂᆞᆫ 모든 사람이 다 가긱이 아니미 곡됴의 헌묘ᄒᆞᆫ 리치를 아지 못ᄒᆞᆯ ᄲᅮᆫ더러 혹 아ᄂᆞᆫ 이가 잇슬다라도 한번 드르면 죡ᄒᆞᆯ 거시오, 가령 나의 노릐가 셰상에 뎨일이라도 사람을 괴롭게 ᄒᆞᄂᆞᆫ 거ᄉᆞᆫ 불가ᄒᆞ니라.

ᄯᅩ 풍뉴로 론ᄒᆞ야도 노릐와 화답ᄒᆞᆯ ᄶᅢ에 큰 소릐를 늬야 노릐가 어지럽게 ᄒᆞ면 이ᄂᆞᆫ 풍뉴치ᄂᆞᆫ 사람의 허물이니라.

춤츄ᄂᆞᆫ 회의 례모를 아ᄂᆞᆫ 사람이 만커니와 되뎌 기즁 한 사람은 례ᄉᆞ가 되ᄂᆞ니 [례ᄉᆞᄂᆞᆫ 례 맛흔 사람] 늬가 만일 아모 부인을 쳥ᄒᆞ야 셔로 춤츄기를 원ᄒᆞᆯ딘딘 맛당히 례ᄉᆞ의게 그 연유를 말ᄒᆞ면 례ᄉᆞ가 곳 그 부인의게 쇼개ᄒᆞ야 되무ᄒᆞ기를 허락ᄒᆞ고 만일 불합ᄒᆞ면 례ᄉᆞ가 ᄯᅡ로히 다른 사람을 퇴ᄒᆞ야 되무케 ᄒᆞᄂᆞ니 이ᄂᆞᆫ 곳 이 회의 례졀이라. 만일 례ᄉᆞ의게 뭇지 아니ᄒᆞ고 부인을 맛되ᄒᆞ야 쳥ᄒᆞ면 부인이 허락지 아닐 ᄲᅮᆫ더러 ᄯᅩ 크게 무례ᄒᆞ다 ᄒᆞᄂᆞ니라.

회즁에셔 되무ᄒᆞ든 부인을 ᄌᆞ초로 슉면이 아니면 이번의 춤을 인ᄒᆞ야 사귀엿다 못ᄒᆞᆯ디니 후에 비록 만나도 로샹인과 갓틀 거시오, 만일 그 부인이 먼져 몸을 굽혀 인ᄉᆞᄒᆞ거든 그졔야 가히 모ᄌᆞ를 벗고 회례ᄒᆞᆯ디니라.

법국 덕국 아국 의되리 등국은 남ᄌᆞ가 녀ᄌᆞ와 하쳐에셔 보앗든지 비록 쇼개ᄒᆞᄂᆞᆫ 례를 힝치 아니ᄒᆞ얏슬다라도 다시 보면 남ᄌᆞ가 모ᄌᆞ 벗ᄂᆞᆫ 례를 힝ᄒᆞ거니와 례로 뻐 발ᄒᆞ면 쇼개ᄒᆞᆫ 일이 업시 먼져 아른 톄ᄒᆞᄂᆞᆫ 거시 녀ᄌᆞ를 되졉ᄒᆞᄂᆞᆫ 도리가 아니니라.

총회여셔는 흰 장갑을 씰 거시오 딕무ᄒᆞ는 쟤ㅣ 녀인이어든 춤츨
셔에 그 옷슬 잇ᄭᅵ지 말고 쏘 그 손에 다닥치지 말디니 그러치 아니
ᄒᆞ면 그 녀ᄌᆞ가 추솔케 알 거시오, 쏘 타인의 죠쇼를 바드리라.

춤법을 모로거든 춤에 드러가지 말디니 이는 딕무ᄒᆞ는 ᄉᆞ람의게
방해로올가 홈이오 춤 츨 셔에 두 다리로만 힝ᄒᆞ고 허리 이샹은 요동
치 말 거시오, 병히 보법[거름 걷는 법]에 과히 유심치 말디니 이는
춤 가라치는 교ᄉᆞ로 알가 넘녀홈이라. 딕뎌 춤 교ᄉᆞ의 춤법은 톄면
잇난 ᄉᆞ람의 춤과 크게 다른 연고ㅣ니라.

늬가 녀ᄌᆞ를 쳥ᄒᆞ야 딕무코자 홀 셔에는 그 녀ᄌᆞ가 펑계ᄒᆞ다가 급
거 추후에는 다른 남ᄌᆞ와 갓치 딕무홀디라도 노ᄒᆞ지 말디니 이는 녀
ᄌᆞ의 마음이 미양 깁고 비밀ᄒᆞ야 샹졍으로 촌탁키 어려운 연고오,
딕뎌 녀ᄌᆞ가 비록 것흐로는 웃고 조하ᄒᆞ는 듯ᄒᆞ나 그 마음은 도로혀
근심ᄒᆞ야 언어로 ᄒᆞ지 못홀 일이 만흐니 그런 고로 늬가 용셔ᄒᆞ는
거시 가ᄒᆞ니라.

투젼ᄒᆞ는 거시 쏘ᄒᆞᆫ 질기는 일이라. 가비차를 먹은 후에 쥬인이
투젼ᄒᆞ기를 쳥ᄒᆞ거든 곳 응죵홀 거시오, 투젼을 ᄒᆞ는 경위에 잘못ᄒᆞ
ᄉᆞ람이 잇셔 벌을 씨고자 ᄒᆞ다가 만일 그 ᄉᆞ람이 밧지 아닐디라도
억지로 시벌치 말고 가령 진다 ᄒᆞ야도 긔긔를 늬지 말고 이길디라도
과히 조하ᄒᆞ지 말디니 이는 다 아담흔 ᄉᆞ람의 톄모라. 만일 승부나는
딕로 모양이 황겁ᄒᆞ면 타인 보기에 부죡흔 ᄉᆞ람이 될 쑨더러 쏘 톄모
가 손샹홀디니 이러ᄒᆞ면 비록 겸히 쳐녀가 잇슬디라도 너의게 싀집
가기를 원치 아니리라.

항용 례졀

로샹에셔 아는 부녀를 만날디라도 먼져 말ᄒᆞ지 말고 그 부녀가 인ᄉᆞᄒᆞ기를 기다릴디니 이는 늬가 먼져 인ᄉᆞᄒᆞ얏다가 만일 불긴히 알고 강잉히 회답ᄒᆞ면 무안ᄒᆞᆯ디라. 그러나 면슉ᄒᆞᆫ 부녀는 늬가 먼져 말ᄒᆞ야도 무방ᄒᆞ니 이는 영국의 례졀이오, 츠외 다른 나라들은 믜양 이와 갓지 아니ᄒᆞ야 로샹에셔 남ᄌᆞ가 먼져 인ᄉᆞ치 아니면 부녀가 아는 톄 아니ᄒᆞ고 ᄯᅩ 영국법은 부녀를 만나면 모ᄌᆞ 벗는 걸로 례를 삼고 다만 머리를 수기지 못ᄒᆞᄂᆞ니라.

므릇 남ᄌᆞ는 부녀의 챠 타기를 기다릴 ᄯᅢ든지 혹 노리쟝 총듸에 안즐 ᄯᅢ에는 모ᄌᆞ를 쓰지 아니ᄒᆞ고 문을 열거든 곱게ᄒᆞ야 쇼릭가 나지 아니케 ᄒᆞ고 ᄯᅩ 헌화치 말디니 이는 즁인의 귀를 어지러일가 넘녀 흠이오 ᄯᅩ 노릭를 드를 ᄯᅢ에 부녀 잇는 데 가셔 슈쟉고자 ᄒᆞ다가 타인이 그 부녀와 말ᄒᆞ거든 곳 도라올디니 이는 스람이 만흐면 말ᄒᆞ기 불편ᄒᆞᆫ 연고ㅣ니라.

노리쟝 총듸에셔 모ᄌᆞ를 쓰고 안지면 이는 타인을 만모흠이오, 부녀가 잇는 데는 더욱 불가ᄒᆞ니라.

더운 쩨에 아는 부녀를 만나 악슈ᄒᆞᄂᆞᆫ 례를 ᄒᆡᆼ홀시 장갑을 버셧거든 다시 ᄭᅵ지 말녀니와 만일 본릭 ᄭᅵᆺᆫ 거든 벗지 안ᄂᆞᆫ 거시 더욱 조ᄒᆞ니 이ᄂᆞᆫ 더운 쩨에 손에 ᄯᅡᆷ이 잇슬가 넘녀홈이오, ᄯᅩ 손이 과히 더웁든지 과히 차거든 그 손을 펴셔 쥐게 ᄒᆞ지 말고 나의 손이 차든지 더웁든지 그 연유를 말ᄒᆞᆯ디니라.

차 파ᄂᆞᆫ 집이나 가비 파ᄂᆞᆫ 쥬막에 안거든 모ᄌᆞ를 버슬디니 이ᄂᆞᆫ 사람마다 ᄒᆡᆼᄒᆞ기를 원ᄒᆞᄂᆞᆫ 바인 연고로 ᄌᆞ긔도 ᄯᅩᄒᆞᆫ ᄒᆡᆼ홀 거시오, 로상이나 쥬막이나 관부 등쳐에셔 친구를 만나거든 그 일홈을 부르지 말 거시오, 만일 부를 디라도 소리를 나지기ᄒᆞ야 타인이 듯지 아니케 홀디니 디뎌 죵용ᄒᆞᆫ 사람은 브르난 소리에 여러이 보ᄂᆞᆫ 거슬 조하 아니ᄒᆞᄂᆞ니라.

품위가 놉ᄒᆞᆫ 사람의게ᄂᆞᆫ 억지로 보기를 원치 아닐디니 디뎌 품위 놉ᄒᆞᆫ 사람은 비록 ᄌᆞ긔를 죤슝ᄒᆞᄂᆞᆫ 거슬 조하ᄒᆞ나 ᄯᅩ ᄆᆡᅣᆼ 이런 사람을 멸시ᄒᆞᄂᆞ니 그런고로 이런 쩨를 당ᄒᆞ거든 비록 귀인 압히라도 ᄌᆞ긔의 톄면을 싱각ᄒᆞ야 비루ᄒᆞᆫ 모양을 뵈이지 말 거시오, ᄯᅩ 품위가 놉ᄒᆞᆫ 사람은 나진 사람을 디ᄒᆞ야 먼져 인사ᄒᆞᄂᆞᆫ 거시 가ᄒᆞ니라.

귀인과 쳐음 보거든 그 잇튼날 명편을 보ᄂᆡ야 회샤홀디니라.

귀인과 인사ᄒᆞᆫ 후 다시 만나거든 그 귀인이 먼져 인사ᄒᆞ고 ᄯᅩ 말ᄒᆞ기를 기다릴디니 그러치 아니면 너가 츄셰ᄒᆞᄂᆞᆫ 사람만 될 ᄲᅮᆫ 아니라, ᄯᅩ 만모를 바들디라. 엇지 ᄌᆞ춰가 아니리오. 향쟈 영국 관인 하니히 심히 교만ᄒᆞ더니 일일은 큰 연회에셔 디관 모 시와 동셕홀시 그 디관이 그 사람을 디ᄒᆞ야 죵용히 음식을 권ᄒᆞ고 ᄯᅩ 길게 말ᄒᆞ다가 각기 헤여졋더니 기후에 그 사람이 로상에셔 그 디관을 만나보고 곳 반가이 인사ᄒᆞᆫ디 그 디관은 이졋ᄂᆞᆫ지라. 엇던 사람인지 아지 못ᄒᆞ야 쥬져

ᄒ거늘 그 사람이 일전에 만난 일을 말ᄒᄃᆡ 그 ᄃᆡ관이 그졔야 ᄭᆡ닷고 우셔 왈 그러냐, 나는 이젓노라 ᄒ고 곳 몸을 도릿켜 갓스니 그 ᄯᆡ에 그 사람의 모양이 엇더ᄒ뇨.

므릇 늬 집에 쳥ᄒᆞᆫ 손은 다 한갈갓치 ᄃᆡ졉ᄒᆞᆯ 거시오, 층격이 잇게 ᄒ지 말디니라.

셰샹에셔 말ᄒᄃᆡ 관작 놉흔 사람은 ᄌᆞ연 속되지 아니ᄒ고 하쳔인 은 다 아담치 못ᄒ다 ᄒ나 그러나 ᄃᆡ관에도 용속ᄒᆞ야 우불이가 잇고 하쳔에도 ᄃᆡ인군ᄌ가 잇ᄂ니 ᄃᆡ뎌 어진 사람은 항샹 사람을 구졔ᄒ 야 셰샹이 편케 ᄒ고 또 비록 난쳐ᄒᆫ 일이라도 타인과 심히 다토지 아니ᄒ거니와 추솔ᄒᆫ 사람은 ᄆᆡ양 그러치 아니ᄒ고 망녕되이 ᄌᆞ존ᄌᆞ 대ᄒᆞ야 타인의게 일분이라도 양두ᄒ면 곳 ᄌᆞ긔의 톄모를 손상ᄒᆞᆫ다 ᄒ고 의복이 호화롭고 셩셰가 혁혁ᄒᆞ야 왈 셰샹사람은 다 나의 아ᄅᆡ 라, 늬 엇지 굽히리오 ᄒᆞᄂ니 이는 크게 어리셕은 사람이라. 엇지 남 의 조롱을 면ᄒ리오. <u>통이 론ᄒ면 마음과 언어가 진실무위ᄒᆞ야 사람을 소기지 아니ᄒ고 ᄯ 어진 ᄯᆺ으로 일단 화긔가 평싱이 한날 갓트면 이 사람 은 가위 군ᄌᆞㅣ라 ᄒᆞᆯ디니라.</u>

사람을 위ᄒᄂ 일이라도 극히 조심ᄒᆞ야 뎌 사람으로 ᄒᆞ야곰 불안치 아니케 ᄒᆞᆯ디니 만일 망솔이 힝ᄒ면 도로혀 사람을 모만ᄒᄂ 일이 되 ᄂ니 이런고로 조흔 일이라도 그 사람이 밧지 안커든 억지로 권치 말디라. 만일 그러치 아니면 도로혀 그 사람의게 득죄ᄒ리니 비컨ᄃᆡ 두 사람이 이러날 ᄯᆡ에 한 사람이 쳥ᄒᆞ야 왈 나의 마챠가 극히 조흐니 함ᄭᅴ 타기를 원ᄒ노라 ᄒᆫᄃᆡ 그 사람이 ᄃᆡ답 왈 나의 마챠도 이 겻ᄒ 잇노라 ᄒᄂ지라. 이 ᄯᆡ에 만일 나의 마챠만 자랑ᄒᆞ야 억지로 타기를 권ᄒᆞ얏스면 싱식이 되지 아닐 ᄲᆞᆫ더러 도로혀 괴롭게 알니로다.

쏘 손을 청ᄒ야 마챠에 퇴일지라도 가장 조흔 자리에 안칠지라. 그러치 아니면 도로혀 무레흔 스람이 될디니 향쟈 법국에 은ᄒᆼ 쥬인 형뎨가 노리장에셔 도라올ᄉᆡ 한 뒤관의 보ᄒᆼᄒᄂᆫ 거슬 보고 크게 민망히 넉여 ᄌᆨ긔 마채에 동좌ᄒ기를 청홀ᄉᆡ 그 스람 형뎨ᄂᆫ 이믜 챠압히 안고 다만 뒤에 한 자리가 나맛ᄂᆫ지라. 이에 그 뒤관을 안쎄ᄒ니 이ᄂᆫ 그 형뎨가 무심 즁에 타기만 권ᄒ고 그 실례됨을 이졋다가 이윽고 다시 ᄭᆡ다라 압자리에 안치고자 ᄒ얏더니 그 뒤관이 벌셔 마부로 ᄒ야곰 챠를 머물고 나리거늘 놀나 연고를 무른듸 답ᄒ야 왈 스람의 뒤에 안지면 답답ᄒ야 병이 날 듯ᄒ다 ᄒ고 가니라.

긱당에 드럿다가 녀ᄌ 손님이 인ᄉ커나 혹 말ᄒ고자 ᄒ거든 급거ᄒᆫ 모양으로 그 압히 나가지 말디니 이ᄂᆫ 즁인 보기에 망솔홀 ᄲᅮᆫ더러 그 녀ᄌ로 ᄒ야곰 슈치가 될 거시오, 쏘 여러 손님 즁에셔 특이 녀ᄌ와 말ᄒᆨᅵ거든 곳 우연히 만난 것 갓치 ᄒᄂᆫ 거시 오르니라.

타인의 집에셔 쥬인의 일을 ᄒᆼᄒ면 이ᄂᆫ 참남흔 일이라. 쥬인의게 미안을 당ᄒᄂ니라.

미양 하등 스람이 샹등인인 톄ᄒ기를 조하ᄒ야 타인을 식여 말ᄒ되 이 스람이 원릭에ᄂᆫ 부쟈더니 즉금은 약간 어렵다 ᄒ며, 쏘 셰를 닉여 온 말이든지 인력거든지 다 닉 집안 거시라 ᄒ며 업ᄂᆫ 노복이라도 만히 잇ᄂᆫ 톄, 두어 간 집이라도 큰 가산이 잇ᄂᆫ 톄ᄒᄂᆫ 쟈ㅣ 만흐니라.

손이 당에 들거든 다른 교의가 업슬지라도 닉가 안졋든 교의를 쥬지 말고 쏘 더욱 부인이 안ᄂᆫ 교의를 권치 말며 쏘 손님으로 언ᄒ면 그 녀ᄌ 쥬인이 업슬지라도 쏘흔 그 자리에 안지 아니ᄒ며 그 집안에 긔진 보물이 잇슬지라도 다만 눈으로 볼 ᄲᅮᆫ이오, 손을 뒤이지 말며,

쏘 손가락으로 상을 쳐셔 소리 니지 말고, 신문을 보아도 소리 업시 볼지니, 이는 다 쇽된 스람의 힝위오, 아담흔 일이 아니니라.

손님이 갈 쩌에 친히 보니지 못ᄒ거든 하인으로 ᄒ야곰 문을 열디라. 만일 무심이 보니면 긱의 마음이 불안ᄒ리니 이는 곳 쳥직이나 나진 스람을 디졉흠과 갓트니라.

미양 나진 스람이 부요ᄒ면 곳 긔운이 교만ᄒ야 스람을 홀디ᄒ다가 낭패ᄒ는 일이 만흐니라.

하등인으로브터 샹등되는 스람은 각국에 다 잇는 바ㅣ라. 그러나 이런 스람이 미양 조흔 지에 금의옥식으로 ᄌ봉이 풍후ᄒ고 어진 교ᄉ를 쳥ᄒ야 ᄌ녀를 가라치며 놉흔 션비를 사괴여 샹죵ᄒ느니 이 스람의 싱각에는 니가 곳 샹등인이라 홀디라. 그러나 이 스람은 불과 돈 직흔 오랑키라. <u>되뎌 하등인이 졸디에 샹등인 되는 거슨 반다시 큰 지됴만 잇스면 될 거시로되 지어 스람의 버릇과 힝위와 슈작ᄒ는 일이 다 갓지 아니ᄒ야 장ᄉ흐든 스람은 장ᄉ에만 젼력ᄒ야 세샹일을 아지 못ᄒ며 만일 고명흔 션비를 만나 텬문 디리와 밋 각죵 학문을 말ᄒ면 그 유무식의 샹거가 곳 쇼양지판</u>이라. 이 일을 밀우어 볼딘딘 스람의 품수가 쳔만 가지오, 그 샹죵ᄒ는 일이 각기 그 류를 싸라 다르느니 만일 이 일을 싱각지 아니ᄒ고 아모 스람이나 사괴면 필경 슈치흔 일을 당ᄒ리라.

영국 스람은 가장 인품을 구별ᄒ야 곳, 하품인은 스람 수에 치지 아니ᄒ며 스람마다 싱각ᄒ되 우리가 샹품인이 되면 기타 여간 스람은 죡히 말홀 빈 아니라 ᄒ느니 이는 비컨딘 문에 겨우 드러간 후에는 곳 문을 닷고 타인은 들지 못ᄒ게 흠과 갓트니라.

어진 사람을 알고자 홀진된 한 법이 잇스니 곳 지물 샹관이라. 셰샹 사람이 미양 외모로는 군주 갓트나 급기 견지에 당호야는 본심이 탄로호야 각박호고 악흔 일이 만흐니, 이런 사람은 비록 일홈이 셰샹에 진동호야도 힝실이 부졍호야 군주가 아니니라.

친구가 가장 갓가오면 번거로온 례를 힝치 안커니와 싱소흔 손의게 례모가 초솔호면 그 졍졍치 아님을 노호야 혐의가 되느니라.

이샹 각 졀은 겨우 례모의 간략흔 법이라. 보는 사람이 원릭 추솔호면 엇지 이 글을 인호야 아담흔 사람이 되며 또 군주는 텬싱으로 되는 거시오, 사람이 능히 하지 못흘 비라. 그러나 이 글을 힘뻐 비호면 사람 교졔호난 디 큰 셸례를 면호리라.

통이 론호면 군주되는 법이 그 사람의 귀쳔과 어진 스승과 착흔 벗에 잇지 아니호고 또 더욱이 거쳐호는 집과 일용호는 긔명에 잇지 아니호고 다만 마음을 단졍이 가지고 믹스를 공평케 호며 뉘 몸만 리코자 호지 말고 또 사람을 해롭게 아니호면 이 사람은 곳 군주ㅣ라 흘디니라.

西禮須知

(원전)

존 프라이어 著

스람교졔ᄒᆞᄂᆞᆫ되,큰실례를면ᄒᆞ리라

등이론ᄒᆞ면,군즈되ᄂᆞᆫ법이그스람의귀쳔과어진스승과착ᄒᆞᆫ벗에,잇지아니ᄒᆞ고,또더욱이거쳐ᄒᆞᄂᆞᆫ집과,일용ᄒᆞᄂᆞ긔명에,잇지아니ᄒᆞ고,다만마음을,단졍이가지고,미스를공평케ᄒᆞ며,닉몸만,리코자ᄒᆞ지말고,또스람을해롭게아니ᄒᆞ면,이스람은,곳군즈ㅣ라ᄒᆞᆯ디니라

니홈민스람마다싱각호되우리가샹품안이되면기타여간스람

은쪽히말흘비아니라호느니이는비컨틴문에겨우드러간후에

눈곳문을닷고타인은들지못호게홈과갓트니라

어진스람율알고자홀진딘한법이잇스니곳적물샹관이라셰샹

스람이미양의모로눈군즈갓트나급기젼지에당호야눈본심이

탄로홋야각박호고악호일이만호니이런스람은비록일홈이셰

샹에진동호야도힝실이부정호야군즈가아니니라

쳔구가가장갓가오면번거로온례를힝치안커니와싱소혼손의

게례모가초솔호면그공경치아님율노호야혐의가되느니라

이샹각졀은겨우례모의간략혼법이라보눈스람이원리추솔홍

면엇지이글을인호야아담혼스람이되며뜨군즈눈쳔셩으로되

눈거시오스람이능히호지못홀비라그러나이글을힘뻐비호면

셔례슈지 항용례졀 오십일

이런사람이미양조흔집에금의옥식으로조봉이풍후하고어진

교사를청향야즈녀른가라치며놉흔션비론사괴여샹죵향느니

이사람의싱각게논니가곳샹등인이라향다라그러나이사람은

불과돈져힌오랑키라되여하등인이졸디에샹등인되논거슨반

다시큰지됴만잇스면될거시로되져어소람의버릇과힝위와슈

쟉향노일이다갓지아니향야쟝소든사람은쟝소에만견력향

야셰샹일을아지못향미만일고명한션비를만나텬문디리와밋

각죵학문을말향면그유무식의샹거가곳쇼양지판이라아일을

밀우어불딘된사람의품수가쳔만가지오그샹죵향논일이각기

그류를싸라다르느니만일이일을싱각지아니향고아모사람이

나사괴면필경슈쳐한일을당향리라

영국사람은가쟝인품을구별향야곳하품인은사람수에치지아

손이당셰들거든다른교의가업슬지라도너가안졋든교의를쥬

지말고ᄯᅩ더욱부인이안눈교의를권치말며ᄯᅩ손님으로언ᄒᆞ면

그녀조쥬인이업슬지라도ᄯᅩᄒᆞᆫ그자리에안지아니ᄒᆞ며그집안

에긔진보물이잇슬지라도다만눈으로볼ᄯᅮᆫ이오손을ᄃᆡ이지말

며ᄯᅩ손가락으로상을쳐셔소ᄅᆡ지지말고신문을보아도소ᄅᆡ업

시불지니ᄂᆞᆫ다쇽된사람의ᄒᆡᆼ위오아담ᄒᆞᆫ일이아니니라

손님이갈ᄯᅢ에친히보ᄂᆡ지못ᄒᆞ거든하인으로ᄒᆞ야곰문을열디

라만일무심이보ᄂᆡ면긱의마음이불안ᄒᆞ리니이곳쳥직이나

나진사람을ᄃᆡ졉흠과갓트니라

민양나진사람이아부요ᄒᆞ면곳긔운이교만ᄒᆞ야사람을홀ᄃᆡᄒᆞ다

가낭패ᄒᆞᆫ눈일이만ᄒᆞ니라

하등인으로브터샹등되눈사람은각국에다잇눈바ㅣ라그러나

셔례슈지　항용례졀　ᄉᆞ십구

야완스람의 뒤에 안지면 답답ᄒ야 병이 난듯ᄒ나 ᄯ과 가나라

뎌당에 드럿다가 녀ᄌ손님이 인스ᄭ나 혹 말ᄒ고자 ᄒ거든 즙거

혼 모양으로 그 압ᄒ나 가지만디 니이논 즙인 보기에 망손ᄒ샌더

러 그 녀ᄌ로 ᄒ야곰 슈치가 될 거시오 ᄯ또 여러 손님 즁에셔 즉이 녀

ᄌ와 말ᄒ깃거든 곳 슈연히 만난 것 갓치 ᄒ눈 거시오 오르나라

타인의 집에셔 쥬인의 일을 힝ᄒ면 이혼 참남ᄒ 일이라 쥬인의게

미안을 당ᄒ누나라

미양 하등스람이 인데 ᄒ기를 조하ᄒ야 타인을 식여 말ᄒ

되 이스람이 원리에 눈 부쟈더니 즉금은 약간 어렵다 ᄒ며 ᄯ또 세를

뇌여온 말이든지 인력거든지 다 뇌 집안거시라 ᄒ며 업눈 노복이

라도 만히 잇눈 톄 두어간 집이라도 큰 가산이 잇눈 톄 ᄒ눈 쟈ᅵ 단

호니라

히조호니함끠타기를원슝노라호딕그소람이딕답왈나의마챠

도이겻히잇노라호눈지라이쩍에만일나의마챠만자랑호야억

지로타기를권호얏스면싱식이되지아닐쓴디러도로혀피롭게

알니로다

또손을쳥호야마챠에딕일지라도가장조혼자리예얀칠지라그

러치아니면도로혀무례혼소람이될디니향쟈법국에은형쥬인

형뎨가노리쟝에셔도라올시한딕관의보형호눈거술뵈크게

민망히녁여즈긔마챠에동좌호기를쳥홀시그소람형뎨눈이의

챠압희안꼬다만뒤에한자리가나맛눈지라이익그딕관을안쩨

호니이눈그형뎨가무심즁에타기만권호고그실례됨을아졋다

가이윽고다시쎄다랍지라에안처꼬자호얏더니그딕관이별

셔마부로호야곰챠를머물고나리거늘나연쿄를무른딕답호

셔례슈지　항용례졀　소십칠

다토지아니ᄒ거니와추솔흔ᄉ람은민양그러치아니ᄒ고망녕

되ᄋ즈존ᄌ대ᄒ야타인의게일분이라도양두ᄒ면곳ᄌ긔의뎨

모를손상ᄒ다ᄒ고의복이호화롭고셩셰가혁혁ᄒ야왈셰상ᄉ

람은다나의아리라ᄂᆞ엇지굽히리오ᄒᆞᄂᆞ니이ᄂᆞ크게어리셕은

ᄉ람이라엿지납의조롱을면ᄒ리오동이론ᄒ면마음과언어가

진실무위ᄒ야ᄉ람을소기지아니ᄒ고ᄯᅩ어진뜻으로일단화긔

가평셩이한날갓트면이ᄉ람은가위군ᄌㅣ라ᄒᆞᆯ디니라

ᄉ람을위ᄒ는일이라도국히조심ᄒ야져ᄉ람으로ᄒ야곰불안

치아니케ᄒᆞᆯ디니만일망솔이ᄒᆡᆼᄒ면도로혀ᄉ람을모만ᄒᆞᆫ일

이되ᄂᆞ니이런고로조흔일이라도그ᄉ람이밧지안켜든억지로

권쳐말디라만일그러치아니ᄒ면도로혀그ᄉ람의게득죄ᄒ리니

비견되두ᄉ람이이러날ᄯᅢ에한ᄉ람이쳥ᄒ야왈나의마챠가곡

되관이 그 사람을 되ᄒ야 죵용히 음식을 권ᄒ고 ᄯᅩ 길게 말ᄒ다가

각기 혜여졋더니 기 후에 그 사람이 로샹에셔 그 되관을 만나 보고

곳 반가이 인ᄉᄒ되 그 되관은 이졋ᄂ지라 엇던 사람인지 아지 못

ᄒ야 쥬져ᄒ거늘 그 사람이 일젼에 만난 일을 말ᄒ되 그 되관이 조

져 야 셔 닷고 우셔 왈 그러냐 나ᄂᆫ 이졋노라 ᄒ효 곳 몸도 뎻져 갓

스니 그ᄯᅢ에 그 사람의 모양이 엇더ᄒᄂᆫ뇨

므롯 ᄂᆡ 집에 쳥ᄒᆫ 손은 다 한갈갓치 되졉ᄒᆯ거시오 ᄎᆞ격이 잇ᄆ ᄒ

지 말디니라

셰샹에셔 말ᄒ되 관작 놉흔 사람은 즈연 속되지 아니ᄒ고 ᄒᆞ쳔인

은 다 아 담치 못ᄒ다ᄒ나 되관에 도 용속ᄒ야 우불미가

잇고 하쳔에 도 되인 군ᄌ가 잇ᄂᆞ니 되여 진 사람은 항샹 사람을

구졔ᄒ야 셰샹이 편케ᄒ고 ᄯᅩ 비록 난 쳐 흔 일이라도 타 인 과 심히

셔례슈지 항용례졀 소십오

하아니ᄒᆞᄂᆞ니라

품위가 놉흔 사람의게 눈녁지로 보기를원치아닐디니되 품위

놉흔 사람은 비록 조기를 존슝ᄒᆞᄂᆞᆫ거슬 조하ᄒᆞ나 ᄯᅩ 민양 이런 사

람을 멸시ᄒᆞᄂᆞ니 그런고로 이런ᄯᅢ를 당ᄒᆞ거든 비록 귀인 압ᄒᆞ라

도 조긔의 ᄐᆡ도를 셩각ᄒᆞ야 비루ᄒᆞᆫ 모양을 ᄠᅴ이지 말거시오 ᄯᅩ 품

위가 놉흔 사람은 나진 사람을 ᄯᅴ ᄒᆞ야 먼저 인ᄉᆞᄒᆞᄂᆞᆫ거시 가ᄒᆞ니

라

귀인과 쳐음 보거든 그 잇든 날 명편을 보니야 회샤ᄒᆞ디니라

귀인과 인ᄉᆞ 후 다시 만나거든 그 귀인이 먼저 인ᄉᆞᄒᆞ고 ᄯᅩ 말ᄒᆞ

기를 기다릴디니 그러치 아니ᄒᆞ면 ᄂᆞ가 휴셰ᄒᆞᄂᆞ 사람만 될ᄲᅮᆫ 아니

라 ᄯᅩ 만모를 바들디라 잇ᄯᅥ시 조취가 아니라 오향쟈 영국 관인 하나

히 심히 교만ᄒᆞ더니 일일은 큰 연회에셔 디관 모시와 동셕ᄒᆞᆯ시 그

노리쟝춍듸에셔모즈를쓰고안지면이눈타인을만모흠이오부

녀가잇눈데눈더욱불가흐니라

더운쎄에아눈부녀를만나악슈흐눈례를힝흘싀쟝갑을버셧거

든다시셰지말녀니와만일본릭셰엇거든벗지안눈거시더욱조

흐니이눈더운쎄예손에쌈이잇슬가넘녀흠여오또손에과히더

웁든지과히차거든그손올펴셔쥐게흐지말고나의손이차든지

더웁든지그연유를말흘디니라

차파논집이나가비파눈쥬막에안거든모즈를버슬디니이논소

람마다힝흐기를원흐눈바인고로즈긔도또흔힝흘거시오로샹

이나쥬막이나관부등쳐에셔쳔구를만나거든그일홈을부르지

말거시오만일브를디라도소릭를나지기흐야타인아듯지아니

케흘디니뒤뎌죵용흔사람은브르난소릭에여러이보논거슬조

셔례슈지　항용례졀　오십삼

스ᄒ기를긔다릴디니,이ᄂᆡ가면져,인스ᄒ얏다가,만일불긴히

알고,강잉히회답ᄒ면,무안ᄒᆞᆯ디라,그러나,면슉ᄒᆫ부녀ᄂᆡ가면

져말ᄒ야도,무방ᄒᆞ니,이ᄂᆫ영국의례졀이오,초외다른나들은,

미양이와갓지아니ᄒ야,로샹에셔,남ᄌᆞ가면져인스치아니면,부

녀가아ᄂᆫ데아니ᄒ고,ᄯᅩ영국법은,부녀를만나면,모ᄌᆞ벗ᄂᆫ결로,

례를삼고,다만머리를수기지못ᄒᄂᆞ니라

므릇남ᄌᆞᄂᆫ,부녀의,챠타기를,긔다릴ᄯᅢ든지,혹노리장ᄎᆼ틱에,안

즐ᄯᅢ에ᄂᆫ,모ᄌᆞ를쓰지아니ᄒ고,문을열거든곱게ᄒ야,쇼ᄅᆡ가나

지아니케ᄒ고,ᄯᅩ헌화치말디니,이ᄂᆫ즁인의귀를어지러일가념

녀흠이오,ᄯᅩ노ᄅᆡ를,드ᄅᆞᆯᄯᅢ에,부녀잇ᄂᆫ데,가셔,슈쟉표ᄌᆞᄒᆞ다가,

타인이,그부녀와,말ᄒ거든,곳도라올디니,이ᄂᆫ스람이,만호면,말

ᄒ기불편ᄒᆫ연고ᅵ니라

로 혀 근 심 흐 야 언 어 로 흐 지 못 흘 일 이 만 흐 니 그 런 고 로 님 가 용 셔

흐 눈 거 시 가 흐 니 라

투 전 흐 눈 거 시 또 흔 질 기 눈 일 이 라 가 비 차 를 먹 은 후 에 쥬 인 이 투

전 흐 기 를 청 흐 거 든 곳 응 종 흘 거 시 오 투 전 을 흐 눈 경 위 에 잘 못 흔

스 람 이 잇 셔 벌 을 씨 고 자 흐 다 가 만 일 그 스 람 이 밧 지 아 닐 디 라 도

억 지 로 시 벌 치 말 고 가 령 진 다 흐 야 도 긱 긔 를 늬 지 말 고 이 긜 디 라

도 과 히 조 하 흐 지 말 디 니 이 눈 다 아 담 흔 스 람 의 례 모 라 만 일 승 부

나 눈 딕 로 모 양 이 황 겁 흐 면 타 인 보 기 에 부 죡 흔 스 람 이 될 뿐 더 러

또 례 모 가 손 상 흘 디 니 이 러 흐 면 비 록 겻 히 쳐 녀 가 잇 슬 디 라 도 너

의 게 싀 집 가 기 를 원 치 아 니 리 라

항 용 례 졀

로 샹 에 셔 아 눈 부 녀 를 만 날 디 라 도 먼 져 말 흐 지 말 고 그 부 녀 가 인

셔 례 슈 지　　질 기 눈 일　　스 십 일

춤회에셔는 흰장갑을 씰거시오 되무흐는쟈ㅣ 녀인이어든 춤출

ᄯᅴ에 그옷슬 잇지말고 또 그손에 다닥치지 말디니 그러치아니

면 그녀즈가 추솔케 알거시오 또 타인의 죠쇼를 바드리라

춤법을 모로거든 춤에 드러가지 말디니 이는 되무흐는사람의게

방해로올가 흠이오 춤출ᄯᅴ에 두다리로 만힝흐고 허리이샹은 요

동치말거시오 병히 보법 긔룸것는 법 에과히 유심치 말디니 이는

춤가라치는 교스로 알가 넘녀 흠이라 되더 춤교스의 춤법은 데면

잇는사람의 춤파크게 다른 연고ㅣ니라

니가 녀즈를 청흐야 되무코자 흘ᄯᅵ에 는 그녀즈가 핑계흐다가 급

기추후에 는 다른 남즈와 갓치 되무흘디라도 노흐지 말디니 이는

녀즈의 마음이 미양 갑교 비밀흐야 상졍으로 촌탁키어려운연교

오디 더 녀즈가 비록 것흐로 는 옷교 조하흐 는 듯흐나 그마음은 도

곳그부인의게쇼개호디무호기를허락호고만일불합호면례
스가짜로히다른사람을퇴호야디무케호느니이눈곳이회의례
졀이라만일렌스의게뭇지아니호고부인을맛디호야쳥호면부
인이허락지아닐뿐더러쪼크게무례호다호느니라

회즁에셔디무호든부인을조초로숙면이아니면이번의춤을인
호야사귀엿다못홀디니후에비록만나도로샹인곳갓틀거시오
만일그부인이면져몸을굽혀인스호거든그계야가히모조를벗
고회례홀디니라

법국덕국아국의디리등국은남조가녀조와하쳐에셔보앗든지
비록쇼개호눈례를힝치아니호얏슬디라도다시보면남조가모
조벗눈례를힝호거니와례로뼈말호면쇼개훈일이업시먼져아
른데호눈거시녀조를디졉호눈도리가아니니라

셔례슈지　질기눈일　삼십구

노리와 풍뉴호는 것도 또한 가호디라 그러나 져 사람의 청호는바

룰 드러 한두곡됴를 부르는거슨 가커니와 만일 나의 지됴를 자랑

코자호야 오륙 장이나 칠팔장을 부르면 듯는사람이 필연 블긴이

알디니 이눈 모든 사람이다 가쟉이아니미 곡됴의 현묘호리쳐룰

아지못홀쑨더러 혹 아눈이가 잇슬디라도 한번드르면 죡홀거시

오 가령 나의 노리가 셰샹에 대일이라도 사람을 괴롭게호눈거슨

불가호니라

또 풍뉴로론 호야도 노리와 화답홀쩍에 큰소리를 뉘야 노리가어

지럽게 호면 이눈 풍뉴치눈 사람의 허물이니라

츔 츄눈회의 례모룰 아눈 사람이만커니와 디뎌 기즁한 사람은 례

스가 되느니 (례소눈례 맛혼 사람니가 만일 아 모부인을 청호야셔

로 츔츄기룰 원홀딘딧 맛당히 례소의게 그현유룰 말호면 례소가

쟈ー잇스면곳흔연히입을놀니고,손을운동ᄒᆞ야,소리를,슌치지
아니ᄒᆞ다가,필경ᄂᆞᆫ,사ᄅᆞᆷ으로ᄒᆞ야,곰염증이,나게ᄒᆞ느니,이ᄯᆡ를
당ᄒᆞ야,곳쳐라ᄒᆞᆯ딘,그사ᄅᆞᆷ을박딕흠이오,그딕로잇자ᄒᆞ면,즁
인을괴롭게흠이니,이것도,ᄯᅩ흔례모에,손상ᄒᆞᄂᆞᆫ일이라,녯젹에,
한사ᄅᆞᆷ이,풍뉴ᄒᆞᄂᆞᆫ회를,모와,유명흔악공을청ᄒᆞ야,오린노랏더
니,급기파연시에,타국사ᄅᆞᆷ하나히,좌샹에안졋다가,손바닥을두
다리고,크게외여,왈,다힝ᄒᆞ다,이소리가,그쳣다ᄒᆞ니,그괴로온줄
울알니로다
풍뉴소리를,나눈,비록조하아닐디라도,고요히안져,헌화치말디
라,그러치아니면,듯고자ᄒᆞᄂᆞᆫ사ᄅᆞᆷ의게,방해될ᄲᅮᆫ더러,ᄯᅩ풍뉴ᄒᆞ
ᄂᆞᆫ사ᄅᆞᆷ의게미안을당ᄒᆞᄂᆞ니라
여러사ᄅᆞᆷ이,모야,밤이맛도록,이야기만ᄒᆞ면,무미ᄒᆞ디니,잠시간

셔례슈지　질기ᄂᆞᆫ일　삼십칠

알기 쉬운 거슨 시셔례의 복을 모 뜨는 사람은 타인의
모양을 살펴 되 다만의 복분 아니라 심지어 슈염은 엇더케 싸며 씌
눈 엇더케 민눈지 이러훈 미셰 사라 도 즈셰히 보아 셔 즉시 본밧기
룰 유공불급 후 누니 이 눈 쥬심 이 업 눈 일이라 되 더아담 훈 사람은
즈긔의 곱고 츄훈 거슬 즈연 분변 후 고 로 타인을 따라 조셔변기
치아니 후 고 혹 변흘 다 도 즈긔 몸에 합당케 후 야 사람의 조쇼룰
밧지 아니 후 누니 라

질기 눈 일

셔양 사람이 모일 씨에 미양 노 눈 거시 셰 가지가 잇스니 일은 풍
뉴 일은 춤 츄 눈 거시 오 일은 투 젼 후 눈 거시라 이 일을 론 훈 디
풍 뉴 란 거 손 풍 뉴 룰 조 하 훈 눈 사람이 미양 싱각 후 되 풍 뉴소리 눈
사람 마다 질기 눈 거시라 후 야 만 일 노리 와 거 문 고 타 기 룰 쳥 훈 눈

물을가지느니그러나스람마다엇지슈즁에돈이녁녁하리오이
에우심호쟈눈져근돈을가지고가쯔로민든거슬사거나혹셰를
늬여견신이찬란케하야잠시라도로상인을속이고자하느니이
엇지가쇼롭지아니리오

부인의의복은일뎡호규모가업거늘향곡간부녀들은샹등부인
이챠를타고단일쎄에그의복이화려호거슬보고말하되이의복
이아니면불가하다하느니그러나챠탈쎄의의복과거러단일쎄
의의복이크게판이하야샹등부인도거러단이눈의복은다간편
케하야오젼에눈보빅로온패물을차고지어광치잇눈구슬파보셕은손님과야연
혼간편호패물을차고지어광치잇눈구슬파보셕은손님과야연

스람의질기눈바를보면그어리셕은거슬알거시로되기즁더욱
흡쎄에차느니라

의복과 패물을 울시 시대로 갈마 드리는거슨 곳속된 일이어늘 군리

사람들이 의복을 찬란히 입고 조흔 시계와 단츄 등을 몸에 지니고,

양양즛득 ᄒ야 ᄲᅥ ᄒ되 이ᄂ 나의 호화로 온 톄면이라 ᄒᆞᄂᆞ니 그러

나 사람의 톄면이란 거슨 외식에 잇지 아니 ᄒ고 힝실에 잇스니 오

즉 갓과 옷과 신과 슈건 등물이 다 정결 ᄒ얏스면 족ᄒ디라 만일 시

쇽을 싸라 괴괴혼 의복을 입으면 이ᄂ 타인으로 ᄒᆞ야 곰이 샹이 알

ᄲᅮᆫ 아니오 ᄯᅩ 의복이란 거슨 그 사람과 샹당ᄒ여야가 ᄒᆞᆯ디니 만일

외모가 아람답 온 사람은 의복이과 ᄒᆞᆯ 디라도 오히려 무방ᄒ거니

와 만일 모양이 츄루혼쟈ㅣ 의복 만 호사ᄒ면 이ᄂ 사람의 치쇼를

조취ᄒᆞᆷ이니 디뎌 의복은 몸에 편ᄒ기만 취ᄒᆞᆯ디라 만일 과ᄒ면 보

ᄂ 쟈ㅣ 의심ᄒᆞᆯ 거시오 ᄯᅩ 샹 등인은 그 사람을 가부야이 아ᄂᆞ니라

ᄯᅩ 모양을 심히 보ᄂ 사람은 출입ᄒᆞᆯ ᄯᅢ에 금은과 보셔으로 민든 패

복에비지아니케ᄒ고가장조흔법은담배먹은후에의복을박과

입고양치ᄒ고ᄯᅩ니를닥근후에비로소사람을ᄃᆡᄒᆯ거시오ᄯᅩ파

와마눌갓튼거슬먹엇거든녀ᄌᆞ와상ᄃᆡ치못ᄒᆞᆯ디니이는그법식

가담배와갓튼연고오통히먹고아니먹ᄂᆞᆫ거슬녀ᄌᆞ의ᄯᅳᆺᄃᆡ로싸

라ᄒᆡᆼᄒᆯ디니라

되여담배란거슨먹ᄂᆞᆫ사람의게만합당ᄒᆞ고타인의게ᄂᆞᆫ불가ᄒ

니이는연긔가공긔로ᄒᆞ야곰츄악케ᄒᆞ야타인이견ᄃᆡ지못ᄒ게

흠이라ᄃᆡ여공긔란거슨사람마다마시ᄂᆞᆫ거시어늘나의한몸을

인ᄒᆞ야타인으로ᄒᆞ야곰불편케ᄒᆞ니엇지울타ᄒᆞ리오혹말ᄒᆞ되

담배가사람의게유익ᄒ다ᄒ나이ᄂᆞᆫ담배장ᄉᆞ의말이라미들빅

아니라

의복입ᄂᆞᆫ법

셔례슈지　담배먹ᄂᆞᆫ법　삼십삼

비컨딘박가가김가의단쳐를말ᄒᆞ면,곳김가의집에,가셔,박가가
너의허물을,말흔다ᄒᆞ야김가와박가로ᄒᆞ야곰,피ᄎᆞ원슈가되게
ᄒᆞ고,져ᄂᆞᆫ,기간에,ᄡᅥ홈을붓치ᄂᆞᆫ거ᄉᆞ로승ᄉᆞ를삼ᄂᆞ니,이런사람
은,먼리ᄒᆞᆯ디니라

영국셔울,논돈의샹품인,은,피ᄎᆞ간에,은,휘치아니ᄒᆞ고,심즁ᄉᆞ를,
다말ᄒᆞᄂᆞ니,이ᄂᆞᆫ피ᄎᆞ셔로밋고타인의게젼치아니ᄒᆞᆯ줄을아ᄂᆞᆫ
연고ㅣ니라

담배먹ᄂᆞᆫ법

담배먹ᄂᆞᆫ법은극히됴심ᄒᆞᆯ디니,티뎌군즈ᄂᆞᆫ타인의싀려ᄒᆞᄂᆞᆫ일
은,ᄒᆡᆼ치아니ᄒᆞ고,ᄯᅩ말ᄒᆞ지아니ᄒᆞᄂᆞ니,그러흔즉,담배로뼈타인
의게,견즁ᄒᆡ아니라,만일먹고자ᄒᆞᆯ딘타인이,뵈지아니ᄒᆞᄂᆞᆫ
벽졍쳐에,가셔,먹을거시오,먹은후에라도,담배연긔로ᄒᆞ야곰,의

또자미업고긴말을ᄒᆞ지아닐디니이는즁인이듯기를조하아닐
뿐더러ᄯᅩ즁인으로ᄒᆞ야곰혈말이업셔셔억지로긱담ᄒᆞ다홀디
니라
영국글에말ᄒᆞ얏스되즁인이언론ᄒᆞᆫ일은밧겻히파젼치못ᄒᆞ다
ᄒᆞ얏스니이는오른일이라만일그러치아니면악ᄒᆞᆫ사람이기간
에셔흥와조산ᄒᆞᄂᆞ니라
사람이슈쟉ᄒᆞᆯᄯᅢ에타인의우렬을말아니ᄭᅵ어려우니디뎌사람
의심디와셩졍은다가히타인의의론을빌라만일그러치아니면
이사람이져사람의시비션악을모를거시오ᄯᅩ사람이셩인이아
니면엇지허물이업스리오그런고로하자업ᄂᆞᆫ사람이십지아니
ᄒᆞ거늘엇더ᄒᆞᆫ사람은친구의집에왕리ᄒᆞ야말젼ᄒᆞ기로
일을삼다가사람의허물을드르면급히나가셔셰샹에젼파ᄒᆞ니

셔례슈지　친구와슈쟉ᄒᆞᄂᆞᆫ법　삼십일

ᄒᆞ야의지치말고ᄯᅩ다리를ᄲᅥ지말며교의압다리를밥지말고샹

에비스듬이눕지말디니이ᄂᆞᆫ다실례와불경ᄒᆞᆫ일이오부인압회

셔ᄂᆞᆫ더욱불가ᄒᆞ니라

ᄉᆞ람과슈쟉흘ᄯᆡ에즈긔의싱업을말ᄒᆞ지아닐거시오부인ᄯᅢᄂᆞᆫ

더욱불가ᄒᆞ니만일말ᄒᆞ면그ᄉᆞ람의싱각에이ᄉᆞ람은그싱업외

에ᄂᆞᆫ아ᄂᆞᆫ거시업다ᄒᆞ야별노히다른말이업슬디라곳비부리ᄂᆞᆫ

ᄉᆞ람은형션ᄒᆞᄂᆞᆫ딕위험ᄒᆞ다ᄒᆞᆷ과법률아ᄂᆞᆫᄉᆞ람은긔괴흔옥ᄉᆞ

를말ᄒᆞᆷ과교ᄉᆞᄂᆞᆫ교당의ᄉᆞ졍을말ᄒᆞᆷ과갓타야다초외의식견이

업ᄂᆞᆫ증거가될거시오ᄯᅩ부인잇ᄂᆞᆫ딕다만남ᄌᆞ의일로산양흔다

비를탄다ᄒᆞᄂᆞᆫ말이ᄯᅩ흔속되야아담치못ᄒᆞ며ᄯᅩ부모ㅣ된ᄌᆞᆫ그

ᄌᆞ녀의괴이ᄒᆞᆫ언어와총명흔일을말ᄒᆞ지아닐디니이ᄂᆞᆫ이일이

비록즈긔의게ᄂᆞᆫ자미가잇스나여러ᄉᆞ람이다올케알디모로며

셩소흔손과 말 흘쩨에 눈언어를 삼갈거시오 ㅼ또자랑 ㅎ야 즈긔가
무소부지 ㅎ 데 말 다라 만일 그 손이 지됴가 놉흘 딘된 녀의 자랑
흔 모양이 더 욱 붓그러우니라
학문이 젹을 슈록 말을 젹게 ㅎ 눈거시 가 ㅎ니 이 눈 타인의 처쇼를
면 ㅎ 눈 방법이라 만일 학문을 과히 자랑 ㅎ 면 즁인이 필연론 박 ㅎ
거시오 가령 셰상 일울 다 알 다라 도 언어 눈 심 ㅎ 다니라
즁인이 모인 즁에 한 사람이 뵈인 구셕에 셔 타인과 가만이 말 ㅎ 거
나 ㅼ또 혹 여러 사람 즁에 셔 머리를 기우리고 귀에 말 ㅎ 눈 거시 다아
담흔 사람의 일이 아니오 ㅼ또 례비당이나 각 문 등디에 셔 즁인과
일을 강론 흘 쩨에 눈 듯 눈 사람이 다 언어를 굿칠디니 이 눈 강론 ㅎ
눈 일에 방해 가 될 가 념녀 홈이니라
ㅼ또 친구의 집이어나 뉘 집에 셔라 도 손이 잇 눈 쩨에 눈 몸을 졍졔히

셔례슈지　　친구와 슈쟉 ㅎ 눈 법　　이십구

아니면말을아니ᄒᆞᄂᆞᆫ거시올코결단코다른사람을향ᄒᆞ야가만

이고사람의그른거슬말ᄒᆞ지아닐디니이ᄯᅢ에ᄂᆞᆫ그사람이즈긔

의말인지아지못ᄒᆞ야변빅지못ᄒᆞᄂᆞ니라

사람을부르ᄂᆞᆫ법이각각합당ᄒᆞᆫ칭호가잇스니만일그릇말ᄒᆞ면

용속ᄒᆞᆫ거슬면치못ᄒᆞ야실례가되ᄂᆞ니라

사람을만나셔위엄을낫타ᄂᆡᄂᆞᆫ거슨그사람으로ᄒᆞ야곰ᄂᆡ가샹

등인인쥴을알게ᄒᆞᆷ이라그러나샹등인은결단코이런뒤도가업

슬거시오ᄯᅩ슈쟉간에고셩ᄒᆞᆫ거나크게웃지아닐디니이ᄂᆞᆫ다쇽

된일이오ᄃᆡ더샹등인은언어와셩음이다크지아니ᄒᆞᄂᆞ니라

사람이만날ᄯᅢ에반다시언어를삼가고ᄯᅩ항샹한가지일만ᄆᆞᆯᄒᆞ

지말거시오ᄯᅩ즁인이모혀오릭도록언어가업스면고젹ᄒᆞᆯ디니

반다시한일을이르켜말ᄒᆞᄂᆞᆫ거시가ᄒᆞ니라

슬디라도 나를 틱ᄒ야 당면에 호 말이 아니어든 아른 톄 홀빈 아니

니디뎌 텬하 사람 중에 누가 허물이 업스리오 그러호 즉 당장에 박

론ᄒ는 거시 도로혀 불가ᄒ니 이는 말ᄒ든 사람들로 ᄒ야곰 빙거

가 잇게 흠이오 나의 붕우 친쳑은 그른 것이 더욱 드러나ᄂ니라

므릇 슈쟈간에 능히 자미 잇는 말로 피초 화답ᄒ면 크게 질거울디

니 비컨디 부쇠쏠이 부쇠를 만남파 갓타야 셔로 써리면 불이 이러

나고 여러 사람 중에 그 자미 잇는 말을 아는 쟈는 비컨디 밀칠호 죠

회와 갓타야 졔가 발게ᄒ는 지라 만일 말ᄒ는 스나 불을 당긔면 통명케ᄒ

눈 밧탕이 잇눈 지라 만일 말ᄒ는 사람은 비록 자미 잇게ᄒ나 듯는

사람이 용녈ᄒ야 그의 취를 모로면 엇지 답답지 아니리오 그런고

로 잘 듯는 사람을 만나야 피초 질거우니라

슈쟈간에 잘못ᄒ는 사람이 잇거든 그곳 면디ᄒ야 말ᄒ거나 그러치

서례슈지　친구와 슈쟈ᄒ는 법　이십칠

코. 여러 사람은, 그르다 ᄒᆞᄂᆞ니, 이ᄯᅥ에 젼혀 박론ᄒᆞᄂᆞᆫ 사람이 업스

면, 도로 무미ᄒᆞᆯ다라, 그러나 박론ᄒᆞᄂᆞᆫ 법이 용용ᄒᆞ고, 아담ᄒᆞ야

실례치 아니ᄒᆞᄂᆞᆫ 거시가 장조흔 일이니라

ᄯᅩ 이ᄯᅥ에 나도, 박론ᄒᆞᆯ 듯이 잇스나, 줌인이 조하ᄒᆞ지 안커든, 곳묵

묵히 안져셔, 그 말ᄒᆞᄂᆞᆫ 사람 하나로 ᄒᆞ야 곰통쾌이 박론ᄒᆞ야 줌인

이 질겁게 ᄒᆞᆯ디니, 이 사람은 박론ᄒᆞᄂᆞᆫ 사람보다도 도로혀 득톄가 되

ᄂᆞ니라

사람이 말ᄒᆞ다가, 혹 실수ᄒᆞᆯ디라도, 곳 박론치 아닐 거시오, 만일 심

ᄒᆞ야, 분노ᄒᆞ지 경에 이르면, 큰 실례라, 므릇 무례ᄒᆞ쟈가 언어 용모

간에 실례ᄒᆞᆫ 일이 잇거든, 당쟝에 아른 톄ᄒᆞ거나, ᄯᅩ 칙망치 말고,

맛당히 모로는 드시 심상케 볼딘딘, 그 사람이 ᄌᆞ연셰 닷ᄂᆞ니라

므릇, 다른 사람들이 나의 붕우와 친쳑 간의 단쳐를 말ᄒᆞᄂᆞ쟈ᅵ 잇

고 셔간을 보뇌지 아니ᄒᆞ며, 또 혹 초면으로 가ᄂᆞᆫ 사람도 잇ᄂᆞ니 이

씨를 당ᄒᆞ거든, 먼져 그 사람의 부인을 보고, 오ᄂᆞᆫ ᄯᅳᆺ을 말ᄒᆞ디니 이

논뇌가 비록 그 남ᄌᆞ의 말은 드럿스나, 그 부인이 아지 못ᄒᆞ얏다가,

모ᄒᆞᆯ씨에 혹 남ᄌᆞ가 츌타ᄒᆞ야 부인의게 쇼개ᄒᆞᆯ 사람이 업스면, 이

씨에 눈면 모가셩소ᄒᆞ야 괴이ᄒᆞᆫ 모양을 면치 못ᄒᆞ리니, 오즉 먼져

부인을 보거나, 혹 명편을 보뇌야 통긔ᄒᆞᄂᆞ니라

법국 사람은 ᄌᆞ녀를 낫커나 혼상을 당ᄒᆞ면, 각 친구의게 통긔ᄒᆞᆯ시

그 편지를 봉치 아니ᄒᆞ고, 또 친쳑의게ᄂᆞᆫ 붓으로ᄡᅥ 셔보뇌고, 친구

의게 눈먹으로 빅혀 보뇌ᄂᆞ니라

친구와 슈쟉ᄒᆞᄂᆞᆫ법

손님을 쳥ᄒᆞᄂᆞᆫ ᄯᅳᆺ은 질겁고 자홈이 오시비ᄒᆞ거를 원ᄒᆞᄂᆞᆫ 빗아니

어늘 엇던 사람은 즁인이 모ᄒᆞᆫ씨에 미양 먼져긔 단ᄒᆞ야 왈 나ᄂᆞᆫ 올

셔례슈지   친구찻ᄂᆞᆫ법   이십오

이거슬보고,그하인과갓치셔로웃고,허여졋느니라

만일장가든친구가인위그부모의집이나,혹친쳑의집에,잇거든,

가셔보는사람이명편우히,그친구의셩명을,쓸디라,만일그러치

아니면,그릇젼호기쉬우니라

법국에셔논,식집간부인이명편에다가,즈긔의셩과밋그남편의

셩을뼈셔,보니느니,이는,그곳에,혹셩명이갓튼쟈ㅣ잇셔분변키

어려올가,넘녀홈이라,이법을,영국에셔논,힝치아니호고,혹잇셔

도,즁인의우슴을,밧느니라

잔쳐홀씨에,반다시,피초간다아논사람이어나,또혹셔로알고자

호논사람을,쳥호거니와,만일명망잇논,듸빈을,쳥호논법은,이젼

례와다르니라

므릇손님을쳥호야,노리쟝에,갈씨에,미양셔로만나,다만,면청호

만 명편한 장이 쥭ᄒ고 만일 ᄂᆡ가 긔별ᄒᄂᆫ 부인의게 ᄯᆯ이 잇거나

혹그 부인의 형데가 동거ᄒ거든 나의 명편한 쪽 머리를 ᄲᅢ거 보닐

디니 이ᄂᆫ 그 집안에 잇ᄂᆫ 여러 부인ᄭᅴ 례ᄒᄂᆫ 듯 이니라

사나히 잇ᄂᆫ 부인이 친구를 차질ᄯᆡ에 ᄂᆞᆫ 졋 긔 남편의 명편ᄭᅡ지함

ᄭᅴ보ᄂᆡ ᄂᆞ니 이ᄯᆞ를 당ᄒ야 친히 회샤ᄒᆫ다ᄒ고 하인으로ᄒ야곰

졔명편을 보ᄂᆡ고 필경 친히 가지아니ᄒᄂᆫ쟈ㅣ 잇스니 이ᄂᆫ 극히

불경ᄒᆫ 일이라 그러나 만일 져 친구의게셔 온 명편에다만 문안ᄒ

엿거든 회샤ᄒᄂᆫ 명편을 하인만 보ᄂᆡ여 젼ᄒ야도 가ᄒ니라

셔양국 즁 몃나라에셔 ᄂᆞᆫ 것긔 명편에다가 친히 그 딥집에 왓다ᄒ

고 다만 하인으로ᄒ야곰 그 명편을 젼ᄒᄂᆫ 사람이 잇스니 이ᄂᆫ 쥬

인을 속이ᄂᆫ 일이라 영국 사람 하나히 이법을 비와 명편에다가 친

히 왓다ᄒ고 하인으로ᄒ야곰 젼ᄒ시 공교히 그 쥬인이 나왓다가

셔례슈지　친구 찻ᄂᆫ법　이십삼

셔례슈지 친구찻눈법 이십이

지안느니,이눈,그부인이놀기를인호야,집,에업슬가넘녀흠이니
라

회샤호눈법은문젼에셔명편울,드리고곳도라가느니,만일오젼
에,갓다가,그부인이,특별히쳥호야,드러갈디라도,오릭안디말디
니,이것도,또흔,그부인의,수무,를,방해홀녀흠이니라

그집에,드러갈씨에,모즈와,집펭이를,가지고,식당싸지,드러가지
말디라,만일,불연호면,그부인이,조하아니호리니,이눈,타인의집
울,즈긔집과갓치,안다흠이니,엇지실례가아니리오

므릇,타쳐로,즛차,교향에,도라오면,응당아눈,친구의게,긔별홀디
라,그법이,명편에,다,가즈긔의당장,거쳐호눈곳울,뼈,셔,보닐거시
오,만일즈긔의딸이잇셔,이왕에,그손님을,보든터이면,그일홈울
졔모친명편에,붓쳐긔록호야,보닐디니,디뎌모녀의멋스람은다

西禮須知 한글본 75

타인잔쳐에,갓거든,그읫든날이나,혹수일뇌에,그집에가셔녀즈

쥬인의게샤례흘거시오,만일의원이나,문무관원의,민일,일이잇

논사람은,이런례졀을차리기어렵고,그녀즈쥬인으로,론ᄒ야도,

그사람들이,실례흐엿다ᄒ기어려우니,이논,민일숙무가잇논연

고ᅵ니라

친구,찻논법

셔로장가든사람은,젼례를싸라,이왕쳔구즁의장가아니든,사람

을,쳥ᄒ야,잔쳐ᄒ면,그쳔구논,곳졀교흘줄을알거시오,장가든후

에,즈긔의명함과,신부의명함을,보뇌면이논,셔로샹종ᄒ야,졀교

치아니흠을,알디니라

친구,찻논법

므릇부인을,찻논법은,오후,삼졈죵이젼에,가지아닐디니,이논,그

부인이집안일로,결을이업슬가,념녀흠이오,또오졈죵후에,논가

아담ᄒᆞᆫ 사람은 좌상에셔 잠간 보아도 분변ᄒᆞᆯ 거시오 본리 용속ᄒᆞᆫ

사람은 다만 언어와의 복을 장식ᄒᆞ야 잠시 ᄂᆞᆫ 드러나지 아니ᄒᆞ나

필경 한번 음식 먹ᄂᆞᆫ 동안에 도탄로 되ᄂᆞᆫ쟈ㅣ 마ᄂᆞ니라

타인의 집에 드러갈ᄯᅦ에 모ᄌᆞ와 밋 웃옷 양복 우희 덧입ᄂᆞᆫ 옷 을입

고 바로 긱당에 들지 말고 곳 긱당 드러가ᄂᆞᆫ 협방의 판기 ᄂᆞᆫ 쳐 소에

버셔 거ᄂᆞᆫ 거시가 홀디라 혹 샹 등인은 모ᄌᆞ와 웃옷을 긱당에 거럿

다가 음식 먹을ᄯᅦ에 쥬인의 하인이 그 협방으로 가져 가ᄂᆞᆫ니라

므릇 쳥빈ᄒᆞᆫ 셔간에 녀ᄌᆞ 쥬인의 일홈이면 ᄌᆞ연 녀ᄌᆞ쥬인의 게

답장ᄒᆞ려니와 불연ᄒᆞ야 남ᄌᆞ 쥬인의 일홈으로 쳥ᄒᆞ얏슬디라도

ᄯᅩ 혼녀ᄌᆞ쥬인의 게 답장ᄒᆞᆯ 거시오 이ᄂᆞᆫ 잔치 등ᄉᆞ를 부인이 젼혀

맛튼 연고ㅣ라 더 쳥빈ᄒᆞ야 춤츄ᄂᆞᆫ 회에 가ᄂᆞᆫ 거슨 반다시 녀ᄌᆞ

쥬인의 일홈이오 답쟝도 ᄯᅩ 혼녀ᄌᆞ쥬인의 게ᄒᆞᄂᆞ니라

디여가 비차를 드리 눈 법이 뎡혼 시간이 잇스니 만일 칠졈 죵에 식

당에 드러 갓거든 십 졉 죵 쯤에 드릴디니라

곤리에 눈이 법이 변호야 릭당으로 차를 보니고 만일 손이 젹거나

또 급히 노리쟝에 가고쟈 호면 곳 식당으로 드리 눈 니라

또 셔양 풍쇽에 가비차를 먹은 후 싸로 히 아롬 다온 술 여러 가지를

뉘여 임의 로 먹게 흐 눈 법이 잇스나 이 눈 야 담 흔 일이 아니니라

므릇 쥬인의 하인 파 말흘 씩에 위엄 잇 눈 뎨 말고 또 일을 식기고쟈

흐거든 곳 간졀이 일너 왈 그 딕의 어려운 일을 쳥흐 노라 흐 면 그 하

인이 도로혀 감샤 흐 야 극진히 거힝 흐 눈 니라

좌샹에 셔 하인이 조심치 못 흐 야 긔명을 씨치거나 또 혹 우 쥰 무식

흐 야 손님으로 흐 야 곰 불편케 흘디라도 쥬인이 당면에 셔 쑤 지 지

면 하인은 더욱 심망의 촉 흐 고 또 손님이 다 알게 되 눈 니라

셔례슈지　손님을 쳥흐야 잔치흐눈법　십구

자로먹이더니,근리에 눈,풍속이변ᄒ얏스나,뒤더술아란거슨,손

님의마음을,화챵코자홈이어 눌엇지이쳐럼,강권ᄒ리오

과실을먹을쌔에닉가,손님부인을,위ᄒ야,굴과,빅의,겁질을,조쳥

ᄒ야,벗기지말고,만일,그부인이,쳥ᄒ거든,손을뒤이지말고,삼지

창으로,파실에,ᄭᅩᆺ고,갈로,ᄲᅥ벗기며,그파실이너무크거든,다른손

님과,갓치,나눌디니라

과실을먹은후에,가비차를,드리ᄂᆫ거시,가장조흔법이니,뒤더손

이,일이잇거든,차를마신후,곳작별홀거시오,일이업거든,직당에

가셔,손님부인과,슈쟉ᄒ고,결단코,식당에셔,오락안져,술을도삭

지말거시오,ᄯᅩ,가비차를,드리ᄂᆫ법은,시간을,뎡ᄒ야,미라하인의

게,분부ᄒ디라,만일,ᄉ람을불너,차를드리라ᄒ면,손의마음이,팔

연불안ᄒ야,왈이눈,술을익간다,홀디니,엇지불안치아니리오.

거시오 또 쥬인 된 사람은 맛당히 성각 호되 뇌가 질기 눈 음식을 손

님이 의례히 조하 홀 눈지 모를 거시오 또 손님이 나의 권을 이과지

못 호야 억지로 먹으면 엇지 불안치 아니리오 홀디니라

므릇 음식을 먹다가 니를 쑤시 눈 거시가 장 추 혼 일이라 그러나 혹

부득이 혼 찌에 눈 타인이 보지 안케 홀디니라

상 탁을 분빗 호고 음식을 드리 눈 사람이 결빅 혼 슈건 으로 큰 손

가락을 덥 누니 이 눈 음식 그릇을 들 찌에 손 가락이 그 릇 속에 드러

가 부정 홀 가 념녀 홈이 오 근리에 눈 미양 훤장 갑을 세 누니라

과실을 먹을 찌에 손씨 슬 유리완을 드리거든 그 물을 찍어 입살을

닥고 수건 으로 손을 씨슬지라 만일 그 물로 뻐 양치 호면 크게 츄 호

니라

영국이 슈십년 젼게 눈 잔치 홀 찌에 젼혁 술권 호기를 조하 호야 억

셔례 슈지　손님을 쳥호야 잔치호 눈법　십칠

뼈싱션구이를 버히면 맛시 변기 쉽고 ᄯᅩ싱션구이와 갓치 먹눈 탕

은 그 신성질이 초맛과 근수ᄒ야 칼을 듸이면 칼에 셔 녹이 싱ᄒ야

싱션맛을 변ᄒ눈 지라 근리에 눈 흑히 싱션 버히눈은 칼과 싱션울

먹눈은 삼지창을 민들며 ᄯᅩ도 은흔 것도 잇스니 이거시 오른이라

듸뎌 음식 먹눈 법이다 만 양시와 삼지창으로뼈 먹을 음식은 칼울

놋치 아니ᄒ누니 이눈 음식 차리눈 사람의 분뇌스오 ᄯᅩ 음식 먹눈

법이 쉽눈 소리룰 뇌지 말고 ᄯᅩ 크게 수움 쉬지 말며 탕을 마실 ᄯᅢ에

소리룰 뇌지 말거시오 반다시 몸을 졍졔히 ᄒ고 양시로뼈 ᄯᅥ셔 먹

울디라 ᄃᆡ뎌 양도란 거슨 음식울 버힐 ᄲᅮᆫ이오 삼지창이란 거슨 음

식을 찔너 입에 넌눈 거시니라

손님이 말ᄒ되 나눈 아모 음식울 못 먹눈다ᄒ거든 권ᄒ지 말고 ᄯᅩ

기즁 조흔 음식울 가르쳐 왈 이거슨 아모 사람이 조하 ᄒ다 ᄒ지 말

리 싀려 ᄒ거나 혹 먹기 어렵거든 다른 술을 쳥ᄒᆯ디니라

므릇 잔치든지 항용찬슈라도 셩션구이는 그 둘거운쪽으로 버히

되쳐 슈로 론ᄒ면 한치반이 되ᄂ거시가 쟝야르니 만일 더야ᄒ면

샹품이아니니라

무슨 음식이든지 칼로 ᄶ어먹지말고 삼지창 갓치 민든 양져와 ᄯᅩ

양시를 쓸지니 뎌 칼이란거슨 음식을 버힐ᄲᅮ니니라

밥먹을ᄯᅢ에 손님이탕을 쳥ᄒ거든 그탕을 그릇 가온듸 잇ᄂ 음식

우희 쏫지말고 반다시 그 그릇 가쪽 비인곳에 부을거시오 ᄯᅩ고기

나누기를 쳥ᄒ거든 미인젼에 한 조각식 노을디라 만일과 히 노으

면 속되다 ᄒᄂ니라

탕을 나누는 법은 미인젼에 양시로 한 술식 분비ᄒ고 셩션구이나

눌ᄯᅢ에 눈 득히 은칼과 은삼지창을 준비ᄒᆯ디라 만일 시우쇠칼로

셔례슈지　　손님을 쳥ᄒ야 잔치ᄒᄂ법　　십오

또연셕에셔남조쥬인은밧것출향ᄒ야안ᄂᆞ니이ᄯᅥ에그오른편
에눈샹등ᄭᅵᆨ이안씩왼편에눈그초등되눈부인이안지되남녀가
셔로간겪ᄒ야버러안질거시오그손님의수효눈열ᄉ람이가쟝
합당ᄒ니라

손님압희반다시겻빅ᄒᆞᆫ슈건을노을디니이눈입을씻고손을닥
눈긴요ᄒᆞᆫ물건이라만일슈건이업스면반다시샹써나혹손님의
슈건을쓰리니이눈츄ᄒᆞᆫ일이니라

영국넷젹규모눈탕곽고기를먹은후에술먹기를피초권ᄒ더니
군릐에눈술맛튼하인이술을가지고손님의량되로싸라드리거
니와만일넷규모를찾눈손님이잇셔먹기를권ᄒ거든남녀가다
ᄉ양치못ᄒ다라그러나니마음되로약간먹어도가ᄒ며또혹품
위와연긔가놉흔ᄉ람이술을지목ᄒ야권ᄒᆞᆯᄯᅢ에니가그술을본

에팔구인은、먼져와셔、오리기다려도、오지아니ᄒ면필연그사람

의셩명을무를디라、그쳑망을엇지면ᄒ리오

연셕에、든후에、쥬인부인은、안을향ᄒ야안ᄂ니、이ᄯ에、샹등남즛

손은、그부인우편으로안ᄭᅩ、그지ᄎ되ᄂ사람은、그좌편으로안져

셔、고기를버히거나、찬물을노ᄂ눈ᄯ에、그두사람이、가히쥬인부

인의슈고를、더러、디신ᄒᄂ니라

그러나、데면잇ᄂ사람은、쥬인남녀가、좌우량편에、안져셔、디긱ᄒᆯ

거시오、ᄯᅩ、미양음식을、다른쳐소에셔、차리ᄂ니、그러ᄒ면、쥬릭간

슈쟉에、방이、가업스리라

군릭의규모ᄂ、쥬인부인이、여러손님의뒤를、ᄯᅡ라식당에、가거나

와、만일、황족황제의일가의친왕이손님즁에、잇스시면、곳인도ᄒ

야、먼져、힝케ᄒᄂ니라

셔례슈지　손님을쳥ᄒ야잔치ᄒᄂ법　십삼

당파 식당이다 평디에 잇거든 단 일쎠에 왼편 팔로 ᄢᅥ 잇그 ᄂᆞ니란

손님부인을 딕졉ᄒᆞ눈 남ᄌᆞ눈 그 차례가 손님부인을 인ᄒᆞ야 뎡ᄒᆞ고 남ᄌᆞ의 존비귀쳔을 뭇지 아니ᄒᆞ눈니 향쟈에 영국 되 ᄌᆞᄢᅥ셔 그

부인으로 더부러 어늬 잔치에 갓더니 그 사나희 쥬인이 되 ᄌᆞ부인

을 잇글고 먼져 나오고 그 녀ᄌᆞ 쥬인은 되 ᄌᆞ를 ᄱᅡ라 동ᄒᆡᆼ흘시이러

날쎠에 남ᄌᆞ 쥬인이 실례흘가 겁ᄒᆞ야 머리를 도리켜 왈우리가 참

남이 먼져 가오니 되 ᄌᆞᄢᅥ셔 죄를 사ᄒᆞ소셔흔 되 되 ᄌᆞ부인이 위로

ᄒᆞ야 왈이눈 쥬인의 실례가 아니라ᄒᆞ시고 이에 되 ᄌᆞ부인이 먼져

ᄒᆡᆼ흐니이눈 례법이 원리여 ᄎᆞ흠이라

례를 아눈 사람은 타인의 잔치에 쳥흔쎠를 어긔 저 안코 진시가거

니 와 혹 교만 무례흔 사람은 공연이 쎠를 어긔여 왓늣게 가눈거시

존귀흔 례모라 ᄒᆞ눈지라 그러나 이 눈 되 불가ᄒᆞ니 만일 열사람 즁

속되다ᄒᆞ야, 폐ᄒᆞ기도ᄒᆞ고, ᄯᅩ 한곳에셔 도, 피 ᄎᆞ간애 당이 갈 너여

그당마다, 규모가 판이ᄒᆞ니 만일 그 손된 사람이 쥬인의 규모를 아

지못ᄒᆞ면 반다시 속되다 ᄒᆞᆯ디라, 그러흔즉 셰샹에셔 통용ᄒᆞᄂᆞᆫ 례

를ᄒᆡᆼᄒᆞ면 거의 치쇼를 면ᄒᆞ리로다

손님이 각 당에 모이거든, 남ᄌᆞ손님으로ᄒᆞ야 곰각각부인손님씩

향ᄒᆞ야 ᄃᆡ접게ᄒᆞ되 그법은, 남녀간 쥬인된 사람이 먼져 뎡ᄒᆞᆯ거시

오ᄯᅩ 그년긔와 쟝가 들고 아니든거슬 보아뎡흔 후식당에 갈ᄯᅢ에

다락으로브터 니려오거든, 남ᄌᆞ손님이 부인손님씩길을 양ᄒᆞ야,

담과벽이 갓가온데로 ᄒᆡᆼ게ᄒᆞ고 이는 부인의 긔력이 약ᄒᆞ고 로

의 지ᄒᆞ기 련게 홈이라 식당에 이르러ᄂᆞᆫ 부인의 자리를 졍졔히ᄒᆞ

고, ᄌᆞ긔 그 겻히 안지며, ᄯᅩ 부인이 루샹층디로ᄂᆡ려울ᄯᅢ에 논, 남

ᄌᆞ가 좌우쪽 간애 한편 팔로 ᅄᅧ 붓들어위 틱치아니케ᄒᆞ고 만일 긱

셔례슈지   손님을 쳥ᄒᆞ야 잔치ᄒᆞᄂᆞᆫ법   십일

니ᄃᆡ뎌셔로온손으로ᄒ야곰싱각ᄒ되니가쥬인을먼져찻지아

니ᄒ면쥬인이쇠려ᄒ리라ᄒ게ᄒᆞᆷ이불가ᄒ다라그러나뎌모를

아ᄂᆞᆫ손은쥬인이먼져오기를기다리ᄂᆞ니이거슬보면법국의례

모가영국을밋지못ᄒᆞᆫ깃도다

므릇타인의셔간을보거든곳회답ᄒ다라만일회답지못ᄒᆞᆯᄉᆞ긔

가잇거든다만편지를바닷다ᄂᆞᆫ표지라도ᄲᅧ셔줄디니이거시답

쟝보다ᄂᆞᆫ못ᄒ나젼혀모로ᄂᆞᆫ데ᄒ니보다ᄂᆞᆯ디라이일이비

록져근일이나ᄉᆞ람의ᄒᆡᆼ셰가ᄃᆡ반이나져근일에셔싱ᄒᆞᄂᆞ니만

일ᄉᆞ람을가비엽게알고례로ᄲᅧᄃᆡ졉지아니ᄒᆞ면이ᄂᆞᆫ곳무례ᄒᆞᆫ

ᄉᆞ람이라도로혀ᄂᆡ몸을쳔케ᄒᆞᆷ이니라

　　손님을쳥ᄒ야잔치ᄒᆞᄂᆞᆫ법

잔치ᄒᆞᄂᆞᆫ법이자조변ᄒ야작년에셩ᄒᆡᆼᄒᆞ든법이금년에와셔ᄂᆞᆫ,

니 피츠간 그 불안흠파 무미ᄒᆞ거시 엇더ᄒᆞ며, ᄯᅩ 셔간을 본 후에라

도, 쥬인이 강잉히 손을 잡고, 례를 힝ᄒᆞ면, 두 스람의 마음이 더욱 불

안ᄒᆞ다라, 그러ᄒᆞ즉 미리셔 간을 보닌 후에 가셔 보ᄂᆞᆫ 거시가ᄒᆞ니,

이ᄂᆞᆫ, 쥬인으로 ᄒᆞ야곰, 면져 니가 하여 ᄒᆞ 스람인지 알고, 미리 엇더

케딕 졉ᄒᆞᆯ 법을 뎡케 ᄒᆞᄂᆞᆫ 거시가ᄒᆞ고, ᄯᅩ 쳔거ᄒᆞᄂᆞᆫ 셔간은, 밀봉치,

말디니라

손이 셔간을 젼ᄒᆞ거든, 쥬인된 법은, 곳 회샤ᄒᆞ야 사귀고자ᄒᆞᄂᆞᆫ 마

음을 낫타닐다라, 만일 회샤치 아니면 이ᄂᆞᆫ, 곳 실례라 후에 비록 후

이딕 졉ᄒᆞᆯ 다라도, 젼의 실슈ᄒᆞᆫ 거슬 물을 슈업ᄂᆞᆫ 고로, 반다시 회샤

ᄒᆞᄂᆞᆫ 거시가ᄒᆞ고, ᄯᅩ 한번 음식으로 딕졉ᄒᆞᆯ 디니, 이ᄂᆞᆫ 곳 쥬인된 직

분이니라

법국 풍속은 손이 먼져 쥬인을 찻고, 영국은 쥬인이 먼져 손을 찻ᄂᆞᆫ

셔례슈지 친구사귀ᄂᆞᆫ법 구

합당ᄒᆞ거든 사괼지라 그러나 뒤 뎌ᄂᆡ가 보ᄂᆞᆫ 사람이 온손보다 나

진사람이면 그 마음이 필연 불쾌ᄒᆞ리라

셔간가 진사람이 친히 쥬인을 보지 말고 몬져 하인을 식여 셔간을

젼ᄒᆞ고 ᄯᅩ로이 명함에 조긔의 사관훈곳을 자셰히 뼈 보ᄂᆡ여

쥬인으로 ᄒᆞ야 곰ᄂᆡ가 하여 혼 사람인줄을 알고 긱례로뼈 뒤접ᄒᆞ며

병히 회샤케 홀디라 만일 ᄂᆡ가 친히 쥬인을 보고 셔간을 젼ᄒᆞ면 쥬

인이 졸디에 뒤접홀바를 아지 못ᄒᆞ야 피초 간 묵히 오리 샹뒤ᄒᆞ

리니 엇지 무료치 아니리오 그러나 만일 그 셔간에 다만 장사ᄒᆞᄂᆞᆫ

등 사만의 론ᄒᆞ야 친히 가셔 볼일이어든 타인을 보ᄂᆡ지 아닐디니

라

곤리 사람이 이법을 아지 못ᄒᆞ고 미양 조긔가 셔간을 친젼ᄒᆞᄂᆞᆫ지

라 이ᄯᅢ를 당ᄒᆞ야 쥬인은 셔간을 다 본후에 야 바야흐로 인사홀디

리오

이샹은 쇼개ᄒᆞ눈법을 말ᄒᆞ얏거니와 이하에 눈 쳔거ᄒᆞ눈법을 말

ᄒᆞ노라

쳔거ᄒᆞ눈법은 늬가 타향에 갈ᄯᅵ에 친구의 쳔거ᄒᆞ눈 셔간을 어더

그곳 사람의 게 붓치ᄂᆞ니 이눈 셔간을 인ᄒᆞ야 져 사람으로 ᄒᆞ야곰

늬가 엇더ᄒᆞᆫ 사람인 줄을 알게 ᄒᆞᆷ이라

근리 풍속이 쳐음 온 손님을 보면 한번 음식을 ᄃᆡ접ᄒᆞᆯ ᄲᅮᆫ이오 례모

가 업는지라 이에 셰샹에셔 말ᄒᆞ기를 쳔거ᄒᆞ눈 셔간은 곳 음식 한

샹밧는 표젹이라 ᄒᆞᄂᆞᆫ 교로셔 간 가진 사람이 민양 ᄭᅩᆺ긔의 례모를

손샹ᄒᆞᆯ가 념녀ᄒᆞ야 쥬인을 보지 안눈쟈ㅣ 잇스니 이러ᄒᆞ면 졍의

가 엇지 통ᄒᆞ리오 오죽 례를 아눈 사람은 음식을 ᄃᆡ접ᄒᆞᆯ ᄯᅵ에 온 손

과 품위 갓튼 사람으로 ᄒᆞ야곰 ᄃᆡ접ᄒᆞ얏다가 그 손의 위인이

셔례슈지 친구사귀눈법

칠

타인의 쇼개를 인호야 사귄 사람은 무단이 졀교 치아닐디니 만일

졀교호면 그 쇼개호 사람을 보기 무식호니라

셔로 장가 든 사람은 장가 들기젼에 사귄 친구와 졍의를 쓴 느니 만

일 장가 든 후에라도 녯 친구와의 구히 사귀고자 홀딘나의 명함

과 닉 부인의 명함을 그 친구의게 보닐디라 그러치 아니면 녯 젹 친

구는 곳 졀교흠과 갓트니라

이리치를 말 홀딘딕 여 장가 들기젼에 눈 그 친구가 다 조츌홀 눈

지 알 슈 업스니 만일 장가 든 후에 그런 친구가 자조 와 슐을 먹든

지 또 혹 부인이 듯기 실른 말을 호든 지 이거시 다 불가홀쑨더러 또

나 눈 비록 조하 하 나 닉 부인의 마음이 엇더 홀눈 지 도 모 고 또 셔

로 장가 든 사람은 겸손호고 졀용 홀디니 만일 친구가 번다호 야 용

도가 과 홀딘딕 필경 경가 파 산 셔 지 도 될 디 라 엇 지 경 계 홀 빈 아 니

티히나를 볼디니엇지이갓처케인스ᄒᆞ리오ᄯᅩ가려ᄒᆞᆯ자논

한번사귄후에눈그위인이비록불가ᄒᆞ야도졀교ᄒᆞ기어렵고ᄯᅩ타

인의게치쇼를밧기쉬우리니엇지가셕지아니ᄒᆞ리오

친구눈졸연히졀교치못ᄒᆞᆯ디라만일큰관계가잇셔부득불신을

딘된가장편ᄒᆞᆫ법이잇스니셔로만날ᄯᅢ에악ᄒᆞᆫ말과믜워ᄒᆞᆫ모

양으로ᄒᆞ지말고티강인스ᄒᆞ후헛된례로링담ᄒᆞᆫ빗츨낫타뇌

야져ᄉᆞ람으로ᄒᆞ야곰나의ᄯᅳᆺ을알게ᄒᆞ면ᄌᆞ연싱소ᄒᆞ야지ᄂᆞ니

라

타인이나를조하ᄒᆞᆫ지믜워ᄒᆞᆫ지모로거든먼져그ᄉᆞ람의뒤

졉ᄒᆞᄂᆞᆫ모양을살피고ᄯᅩ별노히알도리가업거든다만그ᄉᆞ람의

언어만보지말고그ᄒᆡᆼᄒᆞᄂᆞᆫ일을볼거시오만일존귀ᄒᆞᆫᄉᆞ람이어

든극진이죠심ᄒᆞᆯ디니라

셔례슈지　천구사귀ᄂᆞᆫ법

오

흐는 사람은, 남조든지 녀조든지 그 품위의 존비를 뭇지 아니흐고,

다례로뻐 뒤졉흐느니라

친구를 차졀째에 나의 갓가온 벗과, 동힝치 아닐거시오, 그 친구가,

함씌 쳥흔후에 야 동힝흐 더 니, 이는, 그 친구 가 나의 벗을 보고 싀려

흐는지, 알슈업는 연고ㅣ라, 그러 나 니 가 쳥흔 손 이 타 인 과 갓 치, 오

거든 니 마음에 비록 불합흐더 라 도, 뒤 졉 은 후 케 흐 더 니라

친구간계 졍분이 잇는 거슨 젹지 아니흔 인연이라 억지로 흐지 못

흐는 일이 오, 조연이 사랑흐는 마음이 싱흐여야 가흐더니, 그러흔

즉, 졍의 가샹흐는 거시 엇지 우연흔 일이리오

밥집과 술집과 가로샹에 셔 초면 의 사람이 사귀고자 흐거든 곳

깃거 졉지 말디니, 이는, 그 사람 의 션악을 아지 못흐 미창졸간에,

사귀지 못흘 디라 만일, 그 사람 이 조흔듯이 잇슬 단 던 응 당 광 명 졍

이거슬 미루어 보면 닉가 다른 친구 사귀는 뒤 거간홈도 쏘 호이와

갓타야 두 사람의 뜻을 알지 못호면 용이히 홀 빅아니니라

쏘 닉가 친구의 집에 셔 다른 사람을 만나 피츠 간셔로 사랑호야인

스코자 홀 딘 되 비록 쇼개가 업셔도 가호니 이눈이 사람이 곳 쥬인

의 조하호눈 친구라 필연 악호 사람이 아닌 줄을 아눈 연고ㅣ니라

친구와 갓치 놀나 가다가 로샹에 셔 홀연이 다른 친구를 만날 때에

눈 비록 셩명을 통홀디라도 쇼개호눈 례를 힝치 아닐 거시오 쏘로

샹에 셔 닉가 아눈 친구가 부인과 동힝호거든 져 부인은 비록 초면

이라도 모즈를 벗고 머리를 슈기여 아눈 사람과 갓치 례를 힝홀디

니라

므릇 쇼개호눈 일은 미양 나진 사람을 존귀호 사람씌 쳔거호눈고

로셔로 보눈 띡에 례졀의 츙격이 잇거니와 지어 샹등부인이 쳔거

셔례슈지　친구사귀는법　　삼

라

또셰계각국에풍속이각각부동ᄒᆞ니이곳에셔ᄒᆡᆼᄒᆞᄂᆞᆫ례가엇지

다타쳐에합당ᄒᆞ리오이졔만일셔양사람을ᄃᆡᄒᆞ야ᄂᆡ풍속만ᄒᆡᆼ

코자ᄒᆞ면반다시무식ᄒᆞᆫ사람울면치못ᄒᆞᆯ디니엇지가셕지아니

리오그런고로셰샹에통ᄒᆡᆼᄒᆞᄂᆞᆫ례를비호ᄂᆞᆫ거시가ᄒᆞ니라

친구ᄉᆞ귀ᄂᆞᆫ법

ᄉᆞ람의친구ᄉᆞ귀ᄂᆞᆫ법이두가지가잇스니일은쇼개ᄒᆞᆷ이오일은

쳔거ᄒᆞᆷ이라이졔쇼개와쳔거ᄒᆞᄂᆞᆫ법을론ᄒᆞᆫ건ᄃᆡ

쇼개라ᄒᆞᆷ은ᄃᆡ뎌늬가ᄉᆞ귀고자ᄒᆞᄂᆞᆫ사람의게다른친구를거간

ᄏᆡᄒᆞ야인ᄉᆞ를붓치ᄂᆞᆫ거시라그러나이ᄶᆡ를당ᄒᆞ야거연이ᄒᆡᆼ치

못ᄒᆞᆯ일이잇스나ᄂᆞᆫ비록뎌사람을ᄉᆞ귀고자ᄒᆞ나만일뎌사람

이불긴이알던딘이ᄂᆞ욕을ᄌᆞ취ᄒᆞᆷ이니엇지싱각지아닐비리오.

총론

넷젹에 어진 사람이 교졔호 는 례를 베푸러 빅셩의 뜻을 뎡케호니.

이는 사람마다 잠시써 나지 못홀 일이오 또 곳 사람마다 조긔의 신

명과 지산을 보호홀 울타리라 만일 울타리가 업스면 존비귀

쳔간 교졔홀 째예 우미호고 추솔혼 일이 만을 디니 그 문란홈과 방

해로옴이 엇더 호리오 이는 곳 나라의 법률이라 도 능히 억졔치 못

홀 빅라 그런고로 례라 흠은 난잡혼 폐를 바로 잡아 사람으로 호야

곰 화평졍직케 호는 거시니라

셰샹에 셔무식혼 사람이 막양 말호되 례란 거슨 헛된 문치오 모양

이란 거슨 거짓 힝실이니 오활호고 어리셕은 일이라 호나니 이럿

둣 말호는 자는 례가 사람의 베 큰 관계되는 일을 모로는 연고ㅣ니

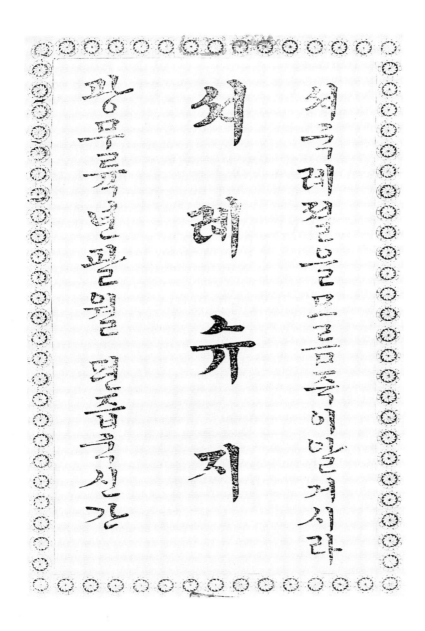

셔규더졉일로미그미샹을밤거시라

셔
례
슈
지

광무팔년츈팔월일신간
별셔졍동법구신간

西禮須知

존 프라이어 著

한글본

人外有餘君子人皆視為稚士、然遇關乎銀錢之事、則顯露本心、節

行各種小量之事、此種人雖名重一時、而操行不端、仍非君子

朋友旣熟周可不行多禮、然遇生客、或稍識之人、如禮貌草率、而不

周至則易流於欺侮而顯其不尊重之心、見者自覺不愜於心、而嫌

隙或自此生焉

以主各欲僅為禮貌要略、如閱者心本粗俗、尚難因此變為文雅蓋

君子之心由於天成非人能自致也、然果詳審此書、則可免數大差

誤、接人遇物、亦可從容而不迫也

總之欲為君子、初不係乎身世之貴賤、師友之名、尤不在乎居處

之履歷、用之當其誠、在存心端正處事公平、不求利己、勿作損人、

五常之德時彰於身、人焉不禮為俗夫、衆必將推為君子

兒女攀高士以廣交游自以爲嚴然上品人也然仍不過守錢虜之
流耳如下品人偶足與上品人爲儕輩必天生大才之人然下品之
有大才能者雖堪爲上品伍亦須知人分數等等之風俗行爲及
取樂之法相談之事多不相同如生意人日必專心生理稍暇僅覽
閱日報而已本業之外亦多通乎別事使遇見平生好究格致之士
或工文字明書史之人幾乎無所措其手足致其言詞而難與之交
接周旋炎假如客商與居戶遇行業既相去天淵何能較此相談同
樂可兒人之遇人必須同類擇交好者聲應氣求所謂道同方合
志同術也如混雜異類之中則難免致羞而多有不安之處矣
英人最講分人品類下品人則不計此總之凡人自想混入上品人
中如能勉力攀入則譬己進其門卽閉之不容他人接踵
君子與人殊者又有一法可以試而得之卽與銀錢有關之事常有

有客入室非無他椅則不可讓於方幾自坐之椅亦不可坐於女主

常坐之椅雖女主不在亦不可坐他人之鼻煙盒亦不可用諭之始

可凡屋內列有奇珍寶物只可目觀不可手玩又不可以指擊桌作

響若看新聞紙則不可聲誦致入聽聞凡此皆俗人常行之事雅者

所不取也

來客臨別時如不親送須搖鈴使下人開門如忽此事則客不安非

為僕役或唐突則不待之若是是為慢客

則有中等下等之人因富而品級上升意以為水長船高妄生驕傲

慈意以為驕傲可與品級並行如此則心驕氣傲輕慢待人實為大

愚而自貽伊戚也必矣

自下等變為上等之人乃各當有之事如貿易人分為大客商與

小生意小生意家間有致富者瓍華棟雕梁美衣鮮食延名師以教

如謁客坐自己馬車須讓於最好之座否必以我為慢禮貌有乖法

京有大名爵某由戲園回家俗富銀行家兄弟二人同歸見某車未

至則請同坐已車然二人已先進車坐於向前之位而留向後之座

以坐爵老某初忽其事不以為失禮旋念及之則牽車繩令馬夫

停馳而出兄弟詫問其故答曰背馬坐人車等覺甚醜欲病

如進客房兒女客欲與行禮或相談則不可作匆遽之狀直往其前

恐裝觀不雅女易自慚如在眾客之中特欲與女相談者則作為偶

然相遇者乃佳

在人家中不可行主人應作之事恐得罪男主或女主

有一種人本為下品每欲特顯上品之狀或令人以為原是富家現

屆略貧之意如以租來之馬車冒為家中自有祇一二僕形出多人

之狀小屋數椽誇為大宅等是也

夫每有高爵者俗若備上下等人雅同公爵盡人品高下有數事能
試之如眞君子店心必令衆人皆得方便而不作難于人遇事有不
能讓不可讓處則讓之而不與人爭若夫粗鄙之流則姿自尊大以
爲誇人有損自己體面人將輕視我也服蠻蟄轄人自讓我何讓人
爲此眞大謬徒足增下者之譏笑而爲上者所賤視總之心田誠樸、
凡此可見無假詐不難人遇物以和接人以禮無論餘事如何人必
曰爲君子

如欲爲人行善事行時必隱不使受者不安盖有人行善事用法有
差則變爲欺侮之事受者不愚如見好意之事人不願受卽不可復
爲強收恐易得罪於人也如前客動身時此人馬車正在門口乃與
彼人曰我車恰便闢下如願同坐請卽共驅彼則曰多承雅惡我車
亦在門前不敢多擾也

如與上人初次相見，應於次日送片其家，行回拜禮，初遇上人以後再遇必待上者先與之相認，如此則免我欲識上人，而上人不識我之羞也，前有英國戶部司錢糧者某甲，偶偕顏大甚自驕貴，一日往大客坐於公桌飲饌旁，有公爵某大廳同席，欲令某甲從容飽餐不必畏怯，與暢談常事，飯畢各散某好公見問不識其與何人寒暄，甲日前數日，我二人於某寓同餐，公其忘之乎，我戶部委員某某也，公微笑曰，候補某某員請別卽自轉身而去

凡請客在本家內，在請者俱覿爲等品，有下品者應照料之使其不現卑賤之態

有人以爲人居上品，自不能俗，如爲下品，則不能雅，然此理謬之甚

多一人不便語也

在戲場隔座内不可戴帽而坐此乃意存欺侮未嘗於禮如有女客

在内戞加不可

如遇相識婦女欲行握手禮熱時不可脱手套已脱則不必再戴本

戴者不脱戞妨盖天熱手有汗汚也如手過熱過冷則不可伸與人

握

進茶舘或加非店坐必脱帽其故欲望人俱行之事則已亦當爲之

在路間或在茶舘加非店舖店公所等處遇友不可呼其名如呼之

聲宜低不使人聞盖人之謙者不喜旁人聞名共視

凡品尊者不可强與相見盖大品級人雖喜別人趨奉然多輕視趨

奉之人故雖愿欬上人而不可忘重自己照常論說品級高者應先

寒暄

喜是爲文罷術式、如不能此則、毎局所賭勝負宜爲小數、且在局者、

須能自主無致妨礙、若見勝負輕至形狀慌張、則內量既狹外觀不

雅、設有處女在側安能見予而屬意耶

零事

如在街道、遇所識婦女宜待其先行狀應、若最相熟者男先認識、亦

屬不妨、其故因先與女行認識之禮、女如不歡、則勉強迴禮面帶冷

顏其覺無味若女先行禮男則不能不回敬、此英國禮也惟歐洲別

國多反乎此路遇婦女無論親疎男不先行認識、女則不除英國法、

凡路遇婦女應行禮者以脫帽爲敬斷不可以點頭代之

凡男者待女坐車或坐戲場隔座則不戴帽若代開隔座之門宜輕

而不可激之使響又不可大聲言語、喧聒於聽戲者之耳使不能清

聊若聽戲時欲往女間與談另有他友來與其女言語、則應立去恐

在舞會內須說白手套而舞者爲女舞時不可牽其衣不可扯其手、

恐其女視爲粗野俗夫貽譏大雅

凡不知舞法者不可入舞蓋恐礙同舞之人也舞時多恃兩腿行動、

上身斷不可搖並不可過於留心舞之步法恐人視爲敎舞師也蓋

敎舞師之舞法與體面人家舞法大不相同

凡請女客同舞女若言因某故不能遵隨後見其女與他男同舞則

不可因此生氣而視其女爲輕待也蓋女心奧秘難以常情忖度常

有婦女面帶微笑似有大樂容狀而心反含憂苦難出諸口者故如

遇女不肯同舞難定此爲輕待我也

打紙牌○打紙牌爲取樂之一端常在飲加非之後男主或女主請

打紙牌客可隨附如打紙牌事內有應罰處貧者不受不可强之蓋

家中打紙牌者或勝或負非甚要緊事負固不可生氣勝亦不可過

唱之聲不清亦為誤事無論唱至如何好處而樂器之聲過於宏大、

甚屬非宜作樂之人為失禮焉

跳舞○舞會之禮貌常人多知之或請一人料理各事或請一人為

禮師料理各事者須知各人品級與來歷故如見某女客而欲與之

同舞應向禮師示意果無不合之處禮師卽可為行介紹之禮任其

同舞如有不合禮師另擇一人同舞惟斷不可自問女客請與同舞、

蓋女客必有不允而視為大無禮者

凡會內同舞之生女客不能因此視為相識後如相遇應同陌路之

人若其女先鞠躬按應則可脫帽回禮

法國義國德國俄國等凡男過女無論在何處已與相談雖尚未行

介紹而再見時男人必行脫帽禮然不若未行介紹則弗與相談

者為待女之正禮

欲曲彈罕則連作亦輕致取人厭此之則爲難衆

客足亦右冠靚貌之一事也前有家作樂會者請盛名樂師操琴陸

紐連彈久而不換及罷樂則在他國人鼓掌大鳴或問其故曰幸樂

已止分

如客中有欲唱或彈者他人不可言語蓋已不欲聽恐人有欲聽者

若任與人相談則欲聽者亦不能聽乃大獲戾於彈唱者

如請客而終夜相談甚不佳及則易生悶暫時或唱或彈則衆俱覺

爲善然名請衆人歌一曲而發連歌六曲雖其爲一國巨擘聽者亦

不能耐其常爲音樂者不舊此以博衣食故不甚講究如實有本領

之人請其或唱或彈則於一曲知之矣間有能挑胡琴之客請爲作

樂則胡琴木小樂器其故作大響意以聲響之大可掩樂器之小因

而所發音宛似一大戲園又有和彈而唱者因彈之聲過於大則

坐車衣服、大有軒輊、如倫敦每見常坐車之婦女、不坐車而步行時、

其衣卽甚爲儉便、上品者午前不佩寶飾、卽佩之亦用簡便金器、或

暗寶石、光明珠寶、不過夜間請客時佩之而已、

凡人卽可以其所行之嗜好、而見其中心之愚昧、莫若在於傲效時

新奇式之人、如見人髻皆若此而卷領帶如彼而結立卽效、尤是正

顯其無主意而以他人式樣達勝於己之所服也、文雅者則不然、

乃式妍媸頂能自辨、他人變畧而不理、偶有改削易式、亦不過求

合於己身、人不識其服之不裹而已

　　取樂

取樂之事、以雅爲要、會客中用者有三種、一曰音樂、一曰跳舞、一曰

打紙牌、西人於容聚會之間、每以此爲消閒取樂之方

樂音○凡喜音樂而常撫弄者、每以爲盈耳、洋人所同好、遇請爲

其人之品性、如鞋依法擦光而黑、手套整潔、裡衣乾淨、手巾潔白、則
已足矣、若夫新式或希奇服斷不可用、用之者不過引人觀瞻耳、
前有老翁指穿奇服者曰、此人務令衆人觀看甘作呆癡不生慚愧、
意在引人注目而已、凡衣服必與其人相稱、如人身高貌美鐘所衣
服飾、稍有奇處亦無妨礙、若身短貌醜穿此種衣徒惹人笑耳、凡衣
服愈便愈好、若過華麗、觀者終有疑意、而上品者見之、必輕其人、
凡出外或往禮拜堂或往戲園、則戴手套而所用金銀寶石等佩飾、
不可多有、平時亦不必用、蓋現時假造者多、價值甚廉、小生意人家、
往往稍費銀錢便可全身裝飾、是徒增人訕笑耳、不若修身砥德培
養才能者、以佩飾爲章身之寶物也、
女人服式難以定言、審有鄉間婦女略體面者、赴倫敦見上品婦家
乘車往來、衣服華麗、即以爲非此裝飾不甚相宜、詎知行路衣服、與

為難，君子應不爾也。如在街市或戲園食菸者，率為小店役夥，或假

體面之人，雖新聞紙或戲園內，每有論及食菸氣味，與其益處者，亦

不過賣菸之人憑空捏撰意欲本業與隆而已，斷不可理會

聞菸

聞菸一事，乃蠢笨無禮之人所為，欲感動腦漿使能思索雖

間者自覺味美，而見者甚厭惡惡，故多聞菸者，不能與文雅并列前

有老翁問菸癖重問於醫者云，嘗聞醫書言間菸有害鼻孔腦筋，並

令腦漿受損，其理信乎醫者曰，並無此理，老翁何多問焉蓋有腦者，

不聞菸也。

衣飾

衣服佩飾，常夏新樣，非上品所為，今人多留意新式衣服，大都俗子，

以此為榮美耳，故其衣服，特依時新樣式而表鏈鈕扣等佩飾取大

而貴，自以人必視為體面，然究忘其體面與文雅不在乎外飾，乃在

某人立卽傳與某知是無心出口而令多人相爭非有意談人之失
也

用菸

用菸之法略分兩種一曰吸一曰聞二者雖人常用然不雅觀如能
不用則更妙耳

吸菸○慣吸菸者須愼此事勿致他人受難蓋君子爲人不行他人
所厭嫌之事不言他人所不喜聽之語故不可以吸菸而見憎於他
人必欲吸之須在他人不聞之處亦令菸氣不沾衣飾最好之法每
食菸後必換衣服兼漱口刷牙方可與人晤語凡食葱蒜等臭物者
自不能與女人相談而菸臭與葱蒜臭有相同總之依女人心意食
菸者最爲獨適其性而不宜於人蓋所嗜菸霧致空氣臭惡而他人
鼻觀不堪觸嗅爭奈同此空氣人所必吸是一己之所好而累他人

如人之眼、亦名目則以眼爲熟泛似用目爲夏雅間有數種字眼、爲

文雅之人所不用者

英國有書云、凡衆相談所談之事、不可外傳致言者受累此要事也、

如任意爲之則衆難見信而心術不端者反得以播弄其間

凡人相談難免不題他人之優劣、蓋人之心意性情均得爲他人所

議論無此法則人類中、此一半不能曉欲一半之可信與否也、然人

非輩人、孰能無過或行易有疵瑕、或心偶懷邪僻作者以爲人不知

也、及人知而議論之、則心中大覺不豫、每有淺量之人、甚喜在友家

往復傳言、一聞人過急出紛傳、譬諸聞甲議乙有短則立往乙家、謂

甲家言爾有過、因致甲乙銜恨、如此令所識兩家、各相憎嫉而己反

以爲得意、甚可惡焉、倫敦上品人相談、則無不敢出諸口者、因彼此

相信而不傳告他人也、但若往鄉間會友、易忘鄉人量隘、一聞訾議

女客當前、尤加不可

與人相談、不可以自己本業為言、遇女客則尤不宜、如言之、則衆必

謂除本業之外、別無所知、故不能別有他語也、即如船家言行船危

險、律師講奇怪案件、致師論及同道會友等事、俱為無甚識見之據

若女客在衆中、但言男家之事、如打獵搖船抛珠等、亦為俗俚不雅

人未必以為然也、又不可將甚長事故舉而論說、恐衆未必皆喜聽

又不可談論一小匾有趣之事、因與衆無相關也、為父母者不可誇

說子女所有奇怪言語、及小聰明之處、蓋此事雖於本家有趣、而衆

也且令衆人想言者諒無別事、可談、故無奈以過長言語、敷衍工夫、

凡與有品有爵者言語、不可過於用其品爵稱呼

間有原為中等人漸變上等、自以為必咬文嚼字、始顯斯文、否則恐

人輕賤、為所藐視、因以所用之物所作之事、避用常名、以免熟泛假

高大凡數人相遇必先愼言不可常引一事相談若眾人久不言語、

己覺枯寂無奈必題起一事可也生客對談自欲稍講一事必愼言

語勿涉矜誇似己無不知者恐客內變有高談博辯者能顯爾學之

淺或與問難與所言有關之事竟不能答則覺赧顏而增眾人之笑

矣

學問不大則以寡言爲佳能不爲人欺侮如過於欲顯學問眾人務

必辨駁卽使全知其事亦必愼於措詞

如數人聚談問有一人往屋空處與他人小語使眾不聞或在眾中

傾頭耳語皆失雅致君子所不爲也又如禮拜堂或議事會或衙署

審案等處已有人對眾人講論何事聽者皆不可言語蓋恐亂眾人

之耳不能聽講事者之言也在人家中或己屋內值有客坐時不可

欹斜不可伸腿不可蹺椅前足不可側臥榻面此皆失禮大爲不恭、

可道而周友善處由此益彰

凡相談間如有能發趣語者彼此相和可成大趣語猶之火石遇鋼

擊卽生火也衆中有能議趣語者比之烟紙本自不能發亮只可收

其火而使燃著其言者登聽者衆而不識趣則難與共談若遇善

聽之人言者聽者可以同樂

相談之間如知某人有錯則必直與而講否則不言為佳斷不可對

他人暗刺某人之錯使明知暗指某人之事而某不能辨駁以未明

言為某人也

凡稱呼人必愼不失禮蓋人各有合宜之稱呼誤言之則粗俗顯然

立見

遇人不可示以威嚴令覺己為上品蓋上品人決無此態相談之中

不可高聲不可大笑如此眾必以為俗上品之人言語聲音俱不

信例不緘口達親戚者多以筆書遞朋友者可以墨印

談敍

凡請客相談者意在取樂娛心非為爭辨也有人恃才好勝每忽此

禮凡遇客衆會則務爭談且令衆視已獨是而人皆非然集衆相談、

總不辨駁亦屬乏味宜辨而不失禮為難也又有人見別客定欲辨

駁而知衆不喜聽則談其詞鋒獨逞不贊一辭致衆因此暢適則較

駁之者更為得法

如人言話稍有失口不可卽行駁正若在相談之際至生忿怒則為

大失於禮凡無禮者因言語或容貌有獲罪者不可當時理白亦不

可立施報復須俟為不知視若等閒其人自覺有差卽知為失禮矣、

凡聞人言及朋友或親戚之短處如只同他人背議而非當我面講、

則不必多為理會蓋天下人孰能無過如立為辨駁則恐言者有慙

如已娶之人仍在父母或親戚家內凡未拜者必在名片角上寫明

所拜何人否則名片易於誤遞

法等國已殯之女每將本姓夫姓並寫名片若本處有同姓者能免

差誤然此法英國不行間有婦人行之者多為衆人所笑

設遇宴客必請敘此相識者或各願相識者若請名望大賓則不在

此例

凡請客就舞會或樂會常有遇時面訂而不致函敦請者亦間有初

識尚未拜候者應先往拜作會家女主言明來會蓋恐雖為其夫面

請頭女主尚未及知也如不先兒至會時乃往或男主外出而無為

行介紹者則發此貌生雖免衆視為奇惟先往拜或送名片通候則

免此難

法國人凡有喪事或生兒女或婚娶等事則家主達信報知親友其

居則不可久坐恐誤女主家務

進屋時帽與杖應執至客房如留穿堂內恐女主怪爲不恭似以主

人之家爲自己家也

凡有人從鄉間回至倫敦禮應送名片與所識親友報明已回本地

者名片上須言現在居址如家有女已見客則附名於母之名片母

女數人只一名片足矣若所拜女主或姊妹同居則名片可折

一角便顯所拜者圖家也如有夫之女拜客可同送丈夫之名片間

有自欲回拜乃將名片交僕人帶去而不自往拜然不恭甚矣若有

來片問好者則回謝片交僕人帶往歐洲數國有人於名片寫親

來拜謁俾主知非走作送遞然有英人往他國習慣此法名片亦寫

親拜而仍交下人送遞每有家主臨出門時適値遞片來使即將名

片當面呈上片上寫親拜字樣主人閱視即與來使一笑而散

信亦必答復女主凡請客到舞會則必女主出名而回信亦答復女
主

凡被人請大赴宴次日或數日內必往拜其家女主惟有常務之客
如醫生律師或文武官員等則不必拘此禮而女主亦不可惟為失
禮因其有日常事務也

凡將覲視之人如照常規應請所識未婚之友會宴一堂各友即知
其意將絕交也既婚之後如將本名片及新婦名片送與某友則知
其尚欲往來而參緣未肯絕也

　拜客

凡拜女客不可在三點鐘前恐女主有家務不得暇也又不可在五
點鐘後恐女主已乘馬車出遊也
回拜客應於門口遞進名片旋即行開如在午前回拜女主特請進

西禮須知　宴客　十五

種英人閒今學者惟其俗本不甚佳英國用之者猶未盛行

凡客與主家侍役言語不可面形威勢閒有以威勢遇僕覺體面、

西題已爲上人其實則否凡遇人僕不可顯有使令之狀必曰請行

何事或言說心勿寫云云則其僕不敢因此不聽且反樂於趨事

席閒如僕失悞或收器皿等隨地跌碎主人不可理會不可顧問何

事何故僕有悞事或不銘規矩或格外愚蠢致客不便主不可當面

所責蓋之不但僕意怠心慌且令客威知此事

文雅之人可於席閒辯之如人本俗言語衣服皆可裝飾似難知其

俗也然其所缺之處每於一飯之頃多有顯露請客時不必將帽與

外衣帶入客房硯可留在穿堂內爲便閒有上品之人仍將帽等帶

進客房放下彼時則主家侍役仍爲送至穿堂

凡諸客柬帖係女主出名者回信亦必答復女主如係男主出名回

欲一杯不飲者強之今此俗已改除在酒店之外則不行此盞飲酒

原欲使客暢懷客雖窘而強之是令客不第不能暢快反恐滋其不

飽食水菜時兒女客有蘋果或沙梨橘子等不可請代削皮如其自

欲請削則可用又插菜削之以刀若其菜過大一人不能全食則可

請別客分任

體面人家食果畢則進加非此法最善盞客如有事欲過加非即可

別主而行宴會者可往客房與女客坐談不致久留饌房任飲多酒

加非必預告侍役至一定之時攜進因搖鈴而後進則恐客意謂主

人欲省酒特命進加非也故欲加非須有定時如七點鍾入席十點

上加非略爲合宜現今體面人家不送加非到饌房除非客少欲速

往戲園觀劇方可否則皆送主客房

歐洲他國於飲加非後另備濃酒二三種各傾以小杯憑客任飲何

正坐取食以匙刀之用爲切物又之用爲挿物入口

客云某物不食則不可勸進若有一物味美則不可言有人最喜食

之請客者須知自己喜食之物而客未必喜食如客人在少年或過

謙者一經勸進每有厭而強咽者

飯時如無柰必用木條或鵝管等剔牙須潛爲之然不可慣蓋此事

最易惹人厭嫌雖已覺爲適意見者未必安然女客未飯之先須脫

手套上品家排桌并進饌者每戴白手套因執盤時大指常伸入盤

中似乎不潔而可厭惟戴手套之俗尙未徧行常法則用白巾圍住

大指然後捧盤亦可食水菓時侍役以洗手玻璃碗進則可將手置

水中蘸以擦旹用巾揩乾其手間有以水漱口而後吐出者乃他國

之法英人間有見而學者惟事近粗俗文雅之人不宣行也

英國數十年前宴客以多酒爲要主或客談及某人某事請因此各

無論請客或家饌饅頭必切厚片以一寸半爲最薄再薄則非上品

無論吃何物不可用刀挑之入口須用叉或匙爲之刀僅爲切物之

用

飯時如有客請分小湯則不可傾於盤中食物上須傾盤邊空處如

請分肉則每人一分不可過多多則分者爲俗分湯每人可分一匙

分魚則須用持設銀刀銀叉食魚法右手持叉左手執饅頭一片抵

取食之如用鋼刀割魚則味易敗又同魚共食之小湯常含酸質如

檸檬汁等則遇鋼刀不但生鏽且能敗壞魚味近有人家特備食魚

刀叉均爲銀者或鍍銀者有此特器則不用饅頭抵取之法

食豆類以匙取之印度喜食之饌名格立其味辣取食亦以匙食慣

點心亦以匙或叉取之用依其便凡分飯與人能用匙者不必刀

饌時嚼食不可有聲叉不可大聲呼吸吃湯等物不可吸之有響須

可代女主爲之間有體面者男女二主坐於左右兩旁彼此相對上
品之家切肉分餽之事大半在邊桌爲之則主客相談可不分心
現在規距女主隨客後而往饌房必有君主家親王在客內始導
引先行
男主向外坐右邊居上品客左邊坐次品女客其客應男女相間列
坐共有十人數爲最合
每客前必備白巾一條乃上品人不可少者蓋客欲揩嘴拭手所必
需也知不備此則必用桌單或本人自帶手巾皆爲可醜之事英國
前規吃湯與魚之後客可彼此請同飲酒今則不然其酒乃侍役所
掌聽客需飲呀斟若席間有客尚存舊規欲請飲酒則無論男女皆
不可辭惟此一杯不必盡飲略嘗亦足請飲酒時品大或年高者可
定飲何種酒若其酒自未飲慣或不喜飲則可請取別酒

客之事、不可有誤、須論年紀、及已娶未娶、派定後、則攜往饌房、如須
下樓梯、則男客讓女客近牆而行、到饌房、卽爲之整座、而自坐於其
旁、當女客近牆下梯時、伸左臂援之、如客房與饌房俱在平
地、行時必伸左臂與攜。

派對之客女、常依女客而定、不論其男人之品第、如何前有英國太
子與其夫人同爲某家之客、其男主攜夫人先出、而女主隨太子同
行、動身時、男主恐失禮、貌回首曰、我等僭先、太子勿罪、夫人責之曰、
是非主人僭先、乃太子夫人前行揆之於禮、應爾爾也。

明禮之人遇人定時請宴、則必依時預到、間有矯者、以遲爲佳、寔未
必然、如客中業有十人、或八人、先到腹已飢、而强待久等不來、衆必
問未到者爲何客、既而遲到、入座同食、如有差錯、衆易訾議。

入席、女主向內坐、上品男客居其右、次者居其左、遇切肉分饌等事、

法國之俗,新到之客,必先拜主,英國則反,是蓋新到之客,不可使其

心覺必先拜主,否則主將不理我,他,然其客如居心大雅,則甘待人

未拜,法國禮貌,外視較英爲重,然實不及英國之有理

凡牧人窗,應早裁覆斷不可因循遲課,如不能全覆,可寫收到二字,

較之置而不理者爲愈,此事雖小,然雅俗之別,大半在此種小章,

如輕人而心不欲待之以禮,則不免爲人視爲無禮,是自重反自輕

也

宴客

宴客規矩,常有變改,難以定論,如今年最雅之規矩,次年則以爲最

俗而厭之,且一方之人,常分數黨,每黨規矩,各有不同,若客不知主

家規矩,則必以爲俗,人故當依公用之禮,庶不大差

客全客房聚集,男客當與女客相配,應由男主或女主先爲派定配

持薦書者不可親送至主人之居須走件遞交另送名片註明寓處

後往謁時主人即預知欲來者何人待以客禮並行回拜若親帶薦

書往謁主人主人雖必出見而難顯中心真意若薦書專論貿易等

事須親身帶交則不可付他人轉遞

平常帶薦書者每忽此禮自帶薦書往謁主人當而致交主人並不

識來客何人亦不知應如何談話及將官閒視逐漸看讀方知為何

人而帶書者呆坐久等心中甚屬乏味待書看畢主始鞠躬執手冷

意寒暄兩人心中俱不發帖如預遞薦書而後相見則知客為何人

並知為何友所薦即可依心中預定之法而應酬之凡屬薦書不可

密封客遞薦書即可早為回拜以收交友之心如不回拜為大失禮

後雖厚待其客尚難補其前憾故必以回拜為佳又不可不請其與

客同飯蓋此為己分中所應為者

家中或飲酒或講女人不堪入耳之話又娶親之人須想已所喜悅
之人其妻未必合意又有一故新娶者每以節儉為念不能與多友
相交蓋往來之友愈多則費用愈大常有新娶之人因友多而不能
鄰常來浪耗甚至蕩產傾家告貸難還不久遂空如洗而後一生難
以度活可不戒哉
薦引○如往遠處而人地生疎可請友寫書引薦則彼處我欲與之
交好者能知我為何如人以便識而訂交蓋有薦書者知非無賴之
徒可與交接不致竊踽也
有人意謂新到之客俟兒薦書則留飯足矣故成話柄曰薦書乃一
飯之券耳因此有薦書者每不敢持送而薦書亦無用也惟識禮者
則不但見書請飯並請相陪之客陪之同食遇客有合宜者可與相
交區友然所請者必與來人相配若品稍次則來人之心必覺不快

絕交之事，不可無故而思、如無奈出於必行則有最便之一法，相遇
時守述寒暄虛行禮貌，但示之以冷淡情形，切不可口出惡聲反目
若欲如其人為素所相稔，勢不能辭之不見、則見時可與格外行客
待其人苟非至蠢自必默相會意
如不知此人喜悅我否，則必詳看情形，彼如何待我，如無別法得知、
斷不可專憑其口中言語，須觀其所行之事，如其人職分較尊則必
格外謹慎此事
如有人依法與我介紹，則不可無故絕交，如或出此，則難對介紹之
人，此事宜慎，不可忽也
凡新娶之人，至時宜將舊友交情割絕，如既娶之後，仍欲交好者，則
必將自己名片與妻之名片並送、否則舊友俱絕交
其理大約因未娶之人，其友未必甚潔，既娶之後，不願此種人常至

五

首、必須脫帽黚頭、與所識者同

凡行介紹之事、必引卑以見尊、如下品官員引見公侯者然、凡爲上品之女客、而引男客往見、則不論其男女之品相敵與否

往友家、不可攜熟友同往、若友家併請熟友、則可偕行、蓋恐友家因此熟友而生妒心、不願以與爾交好之心分之與彼然雖妒之而待之必以厚禮

朋友交好之緣最爲微妙、不可解斷、不能勉強、如欲以法強交則斷不成、必交好之意、自然出於心中乃可

茶園客店、遇有人顯然欲訂交好者、不可理會、蓋上品人不爲此也且恐其人叵測所懷非善故不可理會、如其人實存好念、而欲結交自應依正路行事、若既與其人立談訂交、而後知其不可、恐難立絕在地人會眼旁覩、自己反覺可愧

往來酬應庶免貽譏於大雅。總之禮貌規矩雖無定則要以倫敦爲
主蓋都城爲首善之區於是乎觀禮焉

結交

人之處世不能無友交友之由賴有二事一曰介紹一曰薦引試論
如下

介紹○凡行介紹之事必先兩人情投意合方可爲之其故不止一
端如本人所喜之友他人未必喜之愚魯之夫得遇高雅固足愜懷
然在高雅者恐有厭嫌之意

如在友家遇客而悅之其客亦心心相印願締交則雖不行介紹
之禮亦可欲此共談蓋既爲友客則必爲友所悅者也

與友同遊如路中忽逢別友雖彼此互述姓名而介紹之事則不可
行於此焉路中遇男友攜女雖爲己所不識亦不可行常禮略點其

焉

鄉村僻處風俗各異常有一處所守者他處尚未及知如此等人往

倫敦交接或在知禮者之中則不可以本鄉風俗正而無差必須習

學通行禮貌庶不致誤

英尚通商民多製造常有人自下等升至上等者如先開小店漸成

巨商或先習工匠工師後竟自立作廠以至席豐履厚居然富家而

其題榮誇耀之態形之於顏色且也房垣必求其廣大器用必求其

繁華其他金銀珠寶之飾文雅玩好之具從前所未曾有者今竟備

滿前然川之未慣不免華而近俗足見學習禮貌不若多財善買

之場且速也故家道雖已富有而禮貌尚欠通徹至與上品管接之

際往往無心越礼不惟人不堪其俗而已亦自恥多慮懼人貽笑卽

有朋友為之敎導其心亦未必盡然故如有書便覽則能通其大略

總說

有心世道者設立交接禮貌以聯民情使

有緊事欲與人有所妨害者雖有國之政之範圍

可以友遁無事如不知禮者或多事者或預聞他人事者到其範圍

則不能對因禮有以限之也又如人之本分雅俗有分粗細各別文

與魯於復不同如無禮貌以限之則幾淆而莫辨君子常與小人相

逢交際應對之間將不能耐其弇鄙陋俗然依禮貌為分別則於相

混各弊或可免焉

無識者常言禮為虛文貌為假套朋友交契斷不可行彼行禮貌者

特迂癡無事之流耳故語默動靜恒文而不實云但言之者恐未深

思禮貌之源與其有所裨益耳蓋不行禮貌之人自不能明其大用

一

光武六年八月　日

西禮須知

學部編輯局重刊

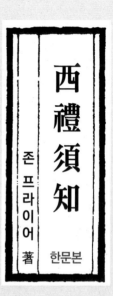

西禮須知

존 프라이어 著

한문본

總之欲爲君子初不係乎身世之貴賤師友之名望尤不
在乎居處之房屋應用之器具祗在存心端正處事公平
不求利己勿作損人五常之德時彰於身人庶不視爲俗
夫而眾必將推爲君子

君子與人殊者又有一法可以試而得之即與銀錢有圖

之事常有人外行似君子人皆視爲雅士然遇關乎銀錢

之事則顯露本心即行各種小量之事此種人雖名重一

時而操行不端仍非君子

朋友最熟固可不行多禮然遇生客或稍識之人如禮貌

草率而不周至則易流於欺侮而顯其不尊重之心見者

自覺不愜於心而嫌隙或自此生焉

以上各欵僅爲禮貌要畧如閱者心本粗俗尙難因此變

爲文雅蓋君子之心由於天成非人能自致也然果詳審

此書則可免數大差誤接人遇物亦可從容而不迫也

之法相談之事多不相同如生意人日必專心生理稍暇
僅覽閱日報而已本業之外不多遇乎別事使遇見平生
好究格致之士或工文字明書史之人則幾乎無所措其
手足致其言詞而難與之交接周旋矣假如客商與屠戶
遇行業旣相去天淵何能彼此相談同業可見人之遇人
必須同類擇交好者聲應氣求所謂譽道同方合志同術
也如混雜異類之中則難免致羞而多有不安之處矣
英人最講分人品類下品人則不計此總之凡人自想混
入上品人中如能勉力攀入則譬已進其門卽閉之不容
他人接踵

客不安非爲僕役或店夥則不可待之若是是爲慢客

間有中等下等之人因富而品級上升意以爲水長船高

妄生驕傲態意以爲驕傲可與品級並行如此則心驕氣

傲輕慢待人實爲大謬而自貽伊戚也必矣

自下等變爲上等之人乃各國常有之事如貿易人分爲

大客商與小生意小生意家間有致富者輒華棟雕梁美

衣鮮食延名師以教兒女攀高士以廣交游自以爲儼然

上品人也然仍不過守錢虜之流耳如下品人偶足與上

品人爲儕輩必天生大才之人然下品之有大才能者難

堪爲上品伍亦須知人分數等各等之風俗行爲及取樂

在人家中不可行主人應作之事恐得罪男主或女主、

有一種人本為下品每欲特顯上品之狀或令人以為原

是富家現屆略貧之意如以租來之馬車冒為家中自有、

祇一二僕形出多人之狀小屋數椽誇為大宅等是也、

有客入室非無他椅則不可讓於方纔自坐之椅更不可

坐於女主常坐之椅雖女主不在亦不可坐他人之鼻煙

盒亦不可用請之始可凡屋內列有奇珍寶物只可目觀

不可手玩又不可以指擊桌作響若看新聞紙則不可聲

誦致人聽聞凡此皆俗人常行之事雅者所不取也、

來客臨別時如不親送須搖鈴使下人開門如忽此事則

多擾也、

如請客坐自己馬車須讓於最好之座否必以我為慢禮

貌有乘法京有大名爵某由戲園回家值富銀行家兄弟

二人同歸見某車未至則請同坐己車然二人已先進車

坐於向前之位而留向後之座以坐爵老某初忽其事不

以為失禮旋轉念及之則牽車繩令馬夫停馳而出兄弟

詫問其故答曰背馬坐人車嘗覺鬱鬱欲病、

如進客房見女客欲與行禮或相談則不可作久遠之狀、

直往其前恐眾觀不雅女易自羞如在眾客之中特欲與

女相談者則作為偶然相遇者乃佳、

不與人爭若夫粗鹵之流則妄自尊大以為讓人有損自

己體面人將輕視我也服麗勢赫人自讓我何讓人為此

實大謬徒足增下者之譏笑而為上者所賤視縂之心田

誠樸口語真實無假詐不難人遇物以和接人以禮無論

餘事如何人必目為君子

如欲為人行善事行時必慎不使受者不安蓋有人行善

事用法有差則變為欺侮之事受者不堪如見好意之事

人不願受即不可復為強收恐易得罪於人也如兩客動

身時此人馬車正在門口乃與彼人曰我車恰便閣下如

願同坐請卽共驅彼則曰多承雅惠我車亦在門前不敢

俟數日後某甲復遇某公於街衢直趨而前請安問好公
見問不識其與何人寒暄甲曰前數日我二人於某寓同
餐公其忘之乎我戶部委員某某也公微笑曰候補某某
員請別即自轉身而去、

凡請客在本家內在請者俱視爲等品有下品者應照料
之使其不現卑賤之態、

有人以爲人居上品自不能俗如爲下品則不能雅然此
理謬之甚矣每有高爵者俗若傭工下等人雅同公爵蓋
人品高下有數事能試之如眞君子居心必令衆人皆養
方便而不作難于人遇事有不能讓不可讓處則讓之而

旁人闖名共視

凡品尊者不可強與相見蓋大品級人雖喜別人趨奉然

多輕視趨奉之人故雖應散上人而不可忘重自己照常

論說品級高者應先寒暄

如與上人初次相見應於次日送片其家行回拜禮

初遇上人以後再遇必待上者先與之相認先與之接談

如此則免我欲識上人而上人不識我之羞也前有英國

戶部司錢糧者某甲領體頗大甚自驕貴一日往大客寓

坐於公桌飲饌旁有公爵某大憲同席欲令某甲從容飽

餐不必畏怯故與暢談常事飯畢各散某公事過即已忘

戲者之耳、使不能清聞、若聽戲時、欲往女間與談、另有他

友來與其女言語、則應立去、恐多一人不便語也、

在戲場隔座內不可戴帽而坐、此乃意存敬傷、未當於禮、

如有女客在內更加不可、

如遇相識婦女欲行握手禮、熱時不可脫手套、已脫則不

必再戴本戴者不脫更好、蓋天熱手有汗污也、如手過熱

過冷則不可伸與人捱、

進茶館或加非店坐必脫帽、其故欲望人俱行之事則己、

亦當為之、在路間或在茶館加非店舖店、公所等處遇友、

不可呼其名、如呼之聲宜低、不使人聞、蓋人之謙者不喜

有處女在側安能見子而屬意耶、

如在街道遇所識婦女宜待其先行欲應若最相熟者男
先認識亦屬不妨其故因先與女行認識之禮女如不歡
則勉強回禮而面帶冷顏甚覺無味若女先行禮男則不
能不回敬此英國禮也惟歐洲別國多反乎此路遇婦女
無論親疎男不先行認識女則不睬英國法凡路遇婦女
應行禮者以脫帽爲敬斷不可以點頭代之
凡男者待女坐車或坐戲場隔座則不戴帽若代關隔座
之門、宜輕而不可激之使聲又不可大聲言語喧話於聽

男同舞則不可因此生氣而視其女爲輕待也蓋女必要

秘難以常情忖度常有婦女面帶微笑似有大樂容狀而

心反含憂苦難出諸口者故如遇女不肯同舞難定此爲

輕待我也

打紙牌○打紙牌爲取樂之一端常在飲加非之後男主

或女主請打紙牌客可隨附如打紙牌事內有應罰處負

者不受不可强之蓋家中打紙牌者或勝或負非甚要緊

事負固不可生氣勝亦不可過喜是爲交雅體式如不能

此則每局所賭勝負宜爲小數且在局者須能自主無致

妨礙若見勝負輒至形狀慌張則內量旣狹外觀不雅設

法國義國德國俄國等、凡男遇女無論在何處已與相談、

雖尚未行介紹禮而再見時男人必行脫帽禮然不若未

行介紹則弗與相談者爲待女之正禮、

在舞會內須戴白手套同舞者爲女舞時不可牽其衣不

可扯其手恐其女視爲粗野俗夫貽議大雅、

凡不知舞法者不可入舞蓋恐礙同舞之人也舞時多恃

兩腿行動上身斷不可搖並不可過於留心舞之步法恐

人視爲敎舞師也蓋敎舞師之舞法與體面人家舞法大

不相同、

凡請女容同舞女若言因某故不能遵隨後見其女與他

大則唱之聲不清亦爲誤事、無論唱至如何好處、而樂器

之聲過於宏大、甚屬非宜、作樂之人爲失禮焉、

跳舞○舞會之禮貌、常人多知之、或請一人料理各事、或

請一人爲禮師、料理各事者、須知各人品級與來歷、故如

見某女客而欲與之同舞、應向禮師示意、果無不合之處、

禮師卽可爲行介紹之禮、任其同舞、如有不合禮、可另

擇一人同舞、惟斷不可自問女客、請與同舞、蓋女客必有

不允而視爲大無禮者、

凡會內同舞之生女客、不能因此視爲相識、後如相遇、應

同陌路之人、若其女先鞠躬接應、則可脫帽囘禮、

如客中有或唱或彈者他人不可言語蓋己不欲聽恐人

有欲聽者若任與人相談則欲聽者亦不能聽乃大獲戾

於彈唱者、

如請客而終夜相談毫不他及則易生悶暫時或唱或彈、

則眾俱覺為善然若請某人歌一曲而彼連歌六曲雖其

為一國巨擘聽者亦不能耐平常論音樂者不藉此以博

衣食故不甚講究如實有本領之人請其或唱或彈則於

一曲知之矣間有能拽胡琴之客請為作樂則胡琴本小

樂器其故作大響意以聲響之大可掩樂器之小因而所

成聲音宛似一大戲園又有和彈而唱者因彈之聲過於

議其服之不衷而已、

取樂

取樂之事以雅為要、會客中用者有三種、一曰音樂、一曰
跳舞、一曰打紙牌、西人於客聚會之間、每以此為消閒取
樂之方、

樂音○凡喜音樂而常撫弄者、每以為盈耳、洋洋人所同
好、遇請為歌曲彈琴則連作弗輟、致取人厭止之、則為輕
其人不止、則為難眾客、是亦有愆禮貌之一事也、前有家
作樂會者、請盛名樂師撫琴、陸續連彈久而不歇、及罷樂、
則有他國人鼓掌大鳴、或問其故曰幸樂已止矣、

上品婦家乘車往來、衣服華麗卽以爲非此裝飾不甚相

宜詎知行路衣服與坐車衣服大有軒輊如倫敦每見常

坐車之婦女不坐車而步行時其衣卽更爲簡便上品者、

午前不佩寶飾卽佩之亦用簡便金器或暗寶石光明珠

寶不過夜間請客時佩之而已、

凡人卽可以其所行之嗜好而見其中心之愚昧莫若在

於傚傚時新樣式之人、如見人鬚髯若此而鬈領帶如彼

而結立卽效尤是正顯其毫無主意而以他人式樣遷勝

於己之所服也文雅者則不然、體式妍媸預能自辨他人

更變置而不理偶有改制易式、亦不過求合於體使人不

懶惡意在引人注目而已凡衣服必與其人相稱如人身

高貌美雖所衣服飾稍有奇處亦無妨礙若身短貌醜穿

此種衣徒惹人笑耳凡衣服愈便愈好若過華麗觀者終

有疑意而上品者見之必輕其人、

凡出外或往禮拜堂或往戲園則戴手套而所用金銀寶

石等佩飾不可多有平時亦不必用蓋現時假造者多價

值甚廉小生意人家往往稍費銀錢便可全身裝飾是徒

增人訕笑耳不若修身砥德培養才能者以佩飾為章身

之寶物也、

女人服式難以定言嘗有鄉間婦女略體面者赴倫敦見

醫書、言聞菸有害鼻孔腦筋、並令腦漿受損其理信乎賢

者曰並無此理老翁何多問爲、蓋有腦者不聞菸也、

衣飾

衣服佩飾常更新樣非上品所爲今人多留意新式衣服、

大都俗子以此爲榮美耳故其衣服特依時新樣式而表

鏈鈕扣等佩飾取大而貴自以人必視爲體面然究忘其

體面與文雅不在乎外飾乃在其人之品性如鞋依法擦

光而黑手套整潔裡衣乾淨手巾潔白則已足矣若夫新

式或希奇冠服斷不可用用之者不過引人觀瞻耳前有

老翁指穿奇服者曰此人務令衆人觀看甘作杲瘝不生

相談而菸臭與蔥蒜臭有相同、總之依女人心意、食菸者

最為獨適其性、而不宜於人、蓋所噴菸霧致空氣臭惡而

他人鼻觀不堪觸嗅爭奈同此空氣人所必吸是一己之

所好而累他人為難、君子應不爾也、如在街市或戲園食

菸者牽為小店役夥、或假體面之人、雖新聞紙或戲園內、

每有論及食菸氣味與其益處者、亦不過賣菸之人慇空

揑撰意欲本業興隆而已、斷不可理會、

聞菸〇聞菸一事、乃蠢笨無禮之人所為、欲感動腦漿、使

能思索難聞者、自覺味美、而見者甚厭態惡、故多聞菸者、

不能與文雅幷列、前有老翁、聞菸癮重、問於醫者云、嘗聞

易忘鄉人量隘一聞謗議某人立卽傳與某知、是無心出口而令多人相爭非有意談人之失也、

用菸

用菸之法畧分兩種、一曰吸、一曰聞、二者雖人常用、然不雅觀、如能不用、則更妙耳、

吸菸○慣吸菸者須慎此事、勿致他人受難、蓋君子爲人、不行他人所厭嫌之事、不言他人所不喜聽之語、故不可以吸菸而見憎於他人、必欲吸之、須在他人不聞之處、並令菸氣不沾衣飾、最好之法、每食菸後必換衣服、兼潄口刷牙、方可與人晤語、凡食葱蒜等臭物者、自不能與女人

以播弄其間、

凡人相談難免不題他人之優劣、蓋人之心意性情均得

爲他人所議論無此法則人類中此一半不能曉彼一半

之可信與否也然人非聖人孰能無過或行易有疵瑕或

心懷邪僻作者以爲人不知也及人知而議論之則心

中大覽不豫每有淺量之人甚喜在友家往復傳言一聞

人過急出紛傳譬諸聞甲議乙有短則立往乙家謂甲家

言爾有過因致甲乙銜恨如此令所議兩家各相憎嫉而

己反以爲得意甚可惡焉倫敦上品人相談則無不敢出

諸口者因彼此相信而不傳告他人也但若往鄰閭會友、

而眾人未必以爲然也又不可將甚長事故舉而論說恐

眾未必皆喜聽也且令眾人想言者諒無別事可談故無

奈以過長言語敷衍工夫凡與有品有爵者言語不可過

於用其品爵稱呼、

間有原爲中等人漸變上等、自以爲必咬文嚼字始顯斯

文否則恐人輕賤爲所藐視因以所用之物所作之事遊

用常名以免熟泛假如人之眼亦名目則以眼爲熟泛似

用目爲更雅間有數種字眼爲文雅之人所不用者

英國有書云凡眾相談所談之事不可外傳致言者受累、

此要事也如任意爲之則眾難見信而心術不端者反得

也、在人家中、或己屋內、值有客坐時、不可敧斜、不可伸腿、

不可蹻椅前足、不可側臥榻面、此皆失禮、大爲不恭、女客

當前更加不可、

與人相談不可以白己本業爲言遇女客、則更不宜如言

之、則眾必謂除本業之外、別無所知故不能別有他語也、

卽如船家言行船危險律師講奇怪案件教師論及同道

會友等事俱爲無甚識見之據若女客在眾中但言男家

之事如打毬搖船抛球等亦爲俗俚不雅又不可談論一

小區有趣之事因與眾無相關也爲父母者不可誇說子

女所有奇怪言語及小聰明之處蓋此事雖於本家有趣、

事可也生客對談自欲稍講一事、必愼言語勿涉矜誇似

己無不知者恐客內更有高談博辯者能顯爾學之淺或

興問難與所言有關之事爾不能答則覺赧顏而增眾人

之笑矣

學問不大則以寡言爲佳能不爲人欺侮如過於欲顯學

問眾人務必辯駁卽使全知其事亦必愼於措詞

如數人聚談間有一人往屋空處與他人小語使眾不聞、

或在眾中傾頭耳語皆失雅致君子所不爲也又如禮拜

堂或議事會或衙署審案等處已有人對眾人講論何事、

聽者皆不可言語蓋恐亂眾人之耳不能聽講事者之言

樂、

相談之間、如知某人有錯、則必直與面講、否則不言爲佳、

斷不可對他人睹刺某人之錯、使明知睹指某人之事、而

某不能辨駁以未明言爲某人也、

凡稱呼人必愼不失禮蓋人各有合宜之稱呼誤言之則

粗俗顯然立見、

遇人不可示以威嚴令覺己爲上品蓋上品人决無此態、

相談之中不可高聲不可大笑如此者衆必以爲俗上品

之人言語聲音俱不高大凡數人相遇必先愼言不可常

引一事相談若衆人从不言語已覺枯寂無奈必題起一

忿怒則爲大失於禮凡無禮者因言語或容貌有穫罪者、

不可當時理會亦不可立施報復俟爲不知視若等閒、

其人自覺有差即知爲失禮矣、

凡聞人言及朋友或親戚之短處如只同他人訾議而非

當我面講則不必多爲理會蓋天下人孰能無過如立爲

辨駁則恐言者有憑可道而朋友差處由此益彰、

凡相談間如有能發趣語者彼此相和可成大趣語猶之

火石遇鋼擊即生火也眾中有能識趣語者比之媚紙本

自不能發亮只可收其火而使增熾焉其言者覺聽者呆

而不識趣則難與共談若遇善聽之人言者聽者可以同

知親友其信倒不緘口達親戚者多以筆書遞朋友者可以墨印、

談敘

凡請客相談者、意在取樂娛心、非爲爭辨也、有人恃才好勝、每忽此禮、凡遇客聚會則務爭談、且令衆視己獨是、而人皆非然、集衆相談、總不辨駁、亦屬乏味、宜辨而不失禮爲難也、又有人見別客定欲辨駁、而知衆不喜聽、則讓其詞鋒獨逞、不贊一辭、致衆因此暢適則較駁之者更爲得法、

如人言語稍有失口不可卽行駁正、若在相談之際、至生

姓者能免差誤、然此法英國不行、間有婦人行之者多爲
眾人所笑、

設筵宴客必請彼此相識者、或各願相識者、若請名望大
賓則不在此例、

凡請客就舞會或樂會常有遇時面訂而不致函敦請者、

亦間有初識尚未拜候者應先往拜作會家女主言明來
會蓋恐難爲其夫面請而女主倘未及知也、如不先見至
會時乃往、或男主外出而無爲行介紹者則彼此貌生難

免眾觀爲奇、惟先往拜或送名片通候則免此難、

法國人凡有喪事或生兒女或婚娶等事則家主達信報

170　西禮須知(원전)

如有夫之女拜客可同送丈夫之名片、間有自欲回拜乃
將名片交僕人帶去、而不自往拜然不恭甚矣若有來片
問好者則囘謝片可交僕人帶往歐洲數國有人於名片
寫親來拜謁俾主知非走伻送遞然有英人往他國習慣
此法名片亦寫親拜而仍交下人送遞每有家士臨出門
時適值遞片來使即將名片當面呈上片上寫親拜字樣、
主人閱視即與來使一笑而散、
如已娶之人仍在父母或親戚家內凡來拜者必在名片
角上寫明所拜何人否則名片易於誤遞
法等國已嫁之女每將本姓夫姓並寫名片、若本處有同

凡拜女客不可在三點鐘前恐女主有家務不得暇也又
不可在五點鐘後恐女主已乘馬車出遊也

回拜客應於門口遞進名片旋卽行開如在午前回拜女
主特請進屋則不可久坐恐誤女主家務

進屋時帽與杖應執至客房如留穿堂內恐女主怪爲不
恭似以主人之家爲自己家也

凡有人從鄉間回至倫敦禮應送名片與所識親友報明
已回本地者名片上須言現在居址如家有女已見客則
附名於母之名片母女數人只一名片足矣若所拜女主
有女或姊妹同居則名片可折一角便顯所拜者闔家也

凡請客柬帖、係女主出名者、回信亦必答復女主、如係男
主出名同信亦必答復女主、凡請客到舞會則必女主出
名而同信亦答復女主、

凡被人請去赴宴次日或數日內、必往拜其家女主、惟有
常務之客如醫生律師、或文武官員等、則不必拘此禮、而
女主亦不可怪爲失禮因其有日常事務也、

凡將娶親之人如照常規、應請所識未娶之友會宴一堂、
各友卽知其意將絕交也、旣娶之後如將本名片及新婦
名片、送與某友、則知其尚欲往來而交猶未肯絕也、

拜客

敢因此不聽、且反樂於趨事、

席間如僕失慎、或收器皿等墮地跌碎、主人不可理會、不

可顧問何事何故、僕有惧事、或不循規矩、或格外愚蠢致

客不便、主不可當面斥責、蓋責之不但僕意亂心慌且令

客咸知此事、

文雅之人可於席間辨之、如人本俗言語衣服、皆可裝飾、

似難知其俗也、然其所缺之處、每於一飯之頃、多有顯露

請客時不必將帽與外衣帶入客房、祗可留在穿堂內為

便、間有上品之人、仍將帽等帶進客房放下、飯時則主家

侍役仍為送至穿堂、

因搖鈴而後進則恐客意謂主人欲省酒特命進加非也、

故飲加非須有定時如七點入席十點上加非畧爲合

宜現今體面人家不送加非到餐房除非客少欲速往戲

圖觀劇方可否則皆送至客房、

歐洲他國於飲加非後另備濃酒二三種各傾以小杯憑

客任飲何種英人間有學者惟其俗本不甚佳英國用之

者猶未盛行、

凡客與主家侍役言語不可面形威勢間有以威勢遇僕

似覺體面而顯己爲上人其實則否凡遇人僕不可顯有

使令之狀必曰請行何事或言費心勞駕云云則其僕不

英國數十年前宴客以多酒爲要主或客談及某人某事
請因此各飲一杯不飲者强之今此俗已改除在酒店之
外則不行此蓋飲酒原欲使客暢懷客量窄而强之是令
客不第不能暢快反恐滋其不悅食水菓時見女客有蘋
菓或沙梨橘子等不可請代削皮如其自欲請削則可用
又插菓削之以刀若其菓過大一人不能全食則可請別
客分任、

體面人家食菓畢則進加非此法最善蓋客如有事飲過
加非卽可別主而行無事者可往客房與女客坐談不致
久留饌房任飲多酒加非必預告侍役于一定之時攜進、

如客人在少年或過謙者、一經勸進每有厭而强咽者、

飯時如無奈必用木條或鵞管等剔牙須潛爲之然不可

慣蓋此事最易惹人厭嫌雖已覺爲適意見者未必安然

女客未飯之先須脫手套上品家排桌并進饌者每戴白

手套因執盤時大指常伸入盤中似乎不潔而可厭惟戴

手套之俗尚未徧行常法則用白巾圍住大指然後捧盤

亦可食水菓時侍役以洗手玻璃碗進則可將手䀸水中

薰以擦脣用巾揩乾其手間有以水漱口而後吐出者乃

他國之法英人間有見而學者惟事近粗俗文雅之人不

宜行也、

味易敗又同魚共食之小湯常含酸質如檸檬汁等則遇

鋼刀不但生銹且能敗壞魚味近有人家特備食魚刀义、

均爲銀者或鍍銀者有此特器則不用饅頭抵取之法、

食豆類以匙取之印度喜食之饌名格立其味辣取食亦

以匙食頓點心亦以匙或义取之用依其便凡分饌與人

能用匙者不必需刀饌時嚼食不可有聲义不可大聲呼

吸吃湯等物不可吸之有聲須正坐取食以匙刀之用爲

切物义之用爲插物入口

客云某物不食則不可勸進若有一物味美則不可言有

人最喜食之請客者須知自己喜食之物而客未必喜食

杯不必盡飲略嘗亦足請飲酒時品大或年高者可定欵

何種酒若其酒自未飲慣或不喜飲則可請取別酒

無論請客或家饌饅頭必切厚片以一寸半爲最薄再薄

則非上品

無論吃何物不可用刀挑之入口須用义或匙爲之刀僅

爲切物之用

飯時如有客請分小湯則不可傾於盤中食物上須傾盤

邊空處如請分肉則每人一分不可過多多則分者爲俗

分湯每人可分一匙分魚則須用特設銀刀銀义食魚法

右手持义左手執饅頭一片抵取食之如用鋼刀割魚則

為之、則主客相談、可不分心、

現在規矩女主應隨客後而往饌房、必有君主家親王在

客內始導引先行、

男主向外坐右邊居上品客左邊坐次品女客其客應男

女相間列坐共有十人數為最合、

每客前必備白巾一條、乃上品人不可少者蓋客欲揩嘴

拭手所必需也、如不備此、則必用桌單或本人自帶手巾、

皆為可醜之事英國前規吃湯與魚之後客可彼此請同

飲酒今則不然、其酒乃侍役所掌聽客需飲而斟若席間

有客尚存舊規欲請飲酒則無論男女皆不可辭、惟此一

出、而女主隨太子同行動身時、男主恐失禮貌回首曰我
等僭先太子勿罪夫人責之曰是并主人僭先乃太子夫
人前行揆之於禮應爾爾也、

明禮之人遇人定時請晏則必依時預到間有矯者以遲
爲佳實未必然如客中業有十人或八人先到腹已飢而
强待從等不來衆必問未到者爲何客既而遲到入座同

食如有差錯衆易訾議、

入席女主向內坐上品男客居其右次者居其左遇切肉
分饌等事可代女主爲之間有體面者男女二主坐於左

右兩旁彼此相對上品之家切肉分饌之事大半在邊桌

有不同、若客不知主家規矩則必以爲俗人故當依公用

之禮庶不大差

客至客房聚集、男客當與女客相配應由男主或女主先

爲派定配客之事、不可有誤須論年紀及已娶未娶派定

後則攜往饌房、如須下樓梯、則男客讓女客近牆而行、到

饌房卽爲之整座而自坐於其旁當女客近牆下梯時伸

左臂或右臂援之如客房與饌房俱在平地行時必伸左

臂與攜

派對之客次第依女客而定不論其男人之品第如何前

有英國太子與其夫人同爲某家之客其男主攜夫人先

不可使其心覺必先拜主否則主將不理我也然其客如

居心大雅則甘待人來拜法國禮貌外視較英國雖重然

實不及英國之有理、

凡收人信應早裁覆斷不可因循遲誤如不能全覆可寫

收到二字較之置而不理者爲愈此事雖小然雅俗之

別大牛在此種小事如輕人而心不欲待之以禮則不免

爲人視爲無禮是自重反自輕也、

宴客規矩常有更改難以定論、如今年最雅之規矩次年

則以爲最俗而廢之、且一方之人常分數黨每黨規矩各

平常帶薦書者每忽此禮自帶薦書往謁主人當面致交、主人並不識來者何人亦不知應如何談話及將信開視、逐漸看讀方知爲何人而帶書者呆坐久等心中甚屬乏味、待書看畢主始鞠躬執手冷意寒暄兩人心中俱不安、帖如預遞薦書而後相見則知客爲何人並知爲何友所薦卽可依心中預定之法而應酬之凡屬薦書不可審封、客遞薦書主必早爲回拜以收交友之心如不回拜爲大失禮後雖厚待其客尚難補其前愆故必以回拜爲佳又不可不請其與客同飯蓋此爲已分中所應爲者、法國之俗新到之客必先拜主英國則反是蓋新到之客、

有人意謂新到之客俟見薦書則留飯足矣故成話柄曰
薦書乃一飯之券耳因此有薦書者每不敢持送而薦書
亦無用也惟識禮者則不但見書請飯並請相稱之客陪
之同食遇客有合宜者可與相交爲友然所請者必與來
人相配若品稍次則來人之心必覺不快
持薦書者不可親送至主人之屋須走伻遞交另送名片
註明寓處後往謁時主人即預知欲來者何人待以客禮
並行回拜若親帶薦書往謁主人主人雖必出見而難顯
中心眞意若薦書專論貿易等事須親身帶交則不可付
他人轉遞

其理大約因未娶之人其友未必甚潔既娶之後不願此
種人常至家中或飲酒或講女人不堪入耳之話又娶親
之人須想己所喜悅之人其妻未必合意又有一故新娶
者每以節儉爲念不能與多友相交蓋往來之友愈多則
費用愈大常有新娶之人因友多而不能鄰常聚浪耗甚
至蕩產傾家告貸難還不久囊空如洗而後一生難以度
活可不戒哉、

薦引○如往遠處而人地生疎可請友寫書引薦則彼處
我欲與之交好者能知我爲何如人以便識面訂交蓋有
薦書者知非無賴之徒可與交接不致竊騙也、

之不見、則見時可與格外行客套其人若非至蠢自必默

相會意、

如不知他人喜悅我否、則必詳看情形、彼如何待我如無

別法得知、斷不可專憑其口中言語須觀其所行之事、如

其人職分較尊則必格外謹慎此事、

如有人依法與我介紹則不可無故絕交、如或出此則難

對介紹之人、此事宜慎不可忽也、

凡新娶之人至時宜將舊友交情割絕、如旣娶之後仍欲

交好者則必將自己名片與妻之名片並送否則舊友俱

算絕交、

朋友交好之緣最為微妙不可解斷不能勉强如欲以法

强交則斷不成必交好之意自然出於心中乃可、

茶園客店遇有人顯然欲訂交好者不可理會蓋上品人

不為此也且恐其人叵測所懷非善故不可理會如其人

實存好念而欲結交自應依正路行事若既與其人立談

訂交而後知其不可恐難立絕在他人冷眼旁觀自己反

覺可愧、

絕交之事不可無故而起如無奈出於必行則有旁便之

一法相遇時略述寒暄虛行禮貌但示之以冷淡情形切

不可口出惡聲反目若仇如其人為素所相稔勢不能絕

悦者也、

與友同游、如路中忽逢別友、雖彼此互道姓名、而介紹之

事則不可行於此焉、路中遇男友攜女、雖爲已所不識、亦

不可行常禮略點其首必須脱帽點頭與所識者同、

凡行介紹之事必引卑以見尊、如下品官員引見公侯者

然此爲上品之女客而引男客往見則不論其男女之品

相敵與否、

往友家不可攜熟友同往若友家併請熟友則可偕行盖

恐友家因此熟友而生妒心不願以與爾交好之心分之

與彼然雖妒之而待之必以厚禮、

之禮貌規矩雖無定則要以倫敦爲主蓋都城爲首善之

區於是乎觀禮焉、

結交

人之處世不能無友交友之由頗有二事一曰介紹一曰

薦引試論如下、

介紹○凡行介紹之事必先兩人情投意合方可爲之其

故不止一端如本人所喜之友他人未必喜之愚魯之夫、

得遇高雅固足愜懷然在高雅者恐有厭嫌之意、

如在友家遇客而悅之其客亦心心相印窺願締交則雖

不行介紹之禮亦可彼此共談蓋既爲友客則必爲友所

英國遍商民多製造常有人自下等升至上等者、如先開
小店漸成巨商、或先習工匠工師後竟自立作廠、以至席
豐履厚居然富家而其顯榮誇耀之態形之於顏色且也、
房垣必求其廣大器用必求其繁華其他金銀珠寶之飾、
文雅玩好之具從前所未曾有者今竟備置滿前然用之
未慣不免華而近俗足見學習禮貌不若多財善賈之易
且速也故家道雖已富有而禮貌尚欠通融至與上品晉
接之際往往無心越禮不惟人不堪其俗而已亦自恥多
惹懼人貽笑卽有朋友爲之教導其心亦未必盡然故如
有書便覽則能遍其大略往來酬應庶免貽譏於大雅總

如無禮貌以限之則幾淆而莫辨君子常與小人相逢交

際應對之間將不能耐其鼻鄙陋俗然依禮貌為分別則

於相混各弊或可免焉

無識者常言禮為虛文貌為假套朋友交契斷不可行彼

行禮貌者特迂癡無事之流耳故語默動靜恆文而不質

云但言之者恐未深思禮貌之源與其有所裨益耳蓋不

行禮貌之人自不能明其大用焉

鄉村僻處風俗各異常有一處所守者他處尚未及知如

此等人往倫敦交接或在知禮者之中則不可以本鄉風

俗正而無差必須習學通行禮貌庶不致誤

甚樂焉外游二年遄返故都見風氣日好民俗漸佳私心
深為慰藉爰有親友記錄禮貌規模頗有可採因節錄要
略重梓行世於迎賓送客周旋晉接之間亦不無小補云
爾、

總說

有心世道者設立交接禮貌以聯民情使其不越範圍以
保身家嘗有數事於世人有所妨害者雖有國之政刑不
能約束惟立之範圍可以安逸無事如不知禮者或多事
者或預聞他人事者到其範圍則不能過因禮有以限之
也又如人之本分雅俗有分粗細各別文與質亦復不同

序

是書爲英國名人所著曾於西曆一千八百六十六年以
活字排印略論英俗之得失民儀之是非一經問世均期
先睹爲快陸續翻刊凡三十有一次矣古云觀人視其禮
貌誠哉是言此書說多淺近事取庸常爲不知禮貌之人
而設蓋英人多富於財者居然世家大族廁於縉紳之列
其質性頗誠謹然和氣可親惟於禮貌多未嫺熟披閱此
書穫益非淺幸勿厭其平淡無奇也可著書本意在乎化
民成俗故顧四海同志之士分披有得一旦盡成儒雅心

所在似未之及至於朝享聘問之大吉凶賓嘉之盛槪未
之備則猶未得爲禮之全也不知是書所言乃專指平日
間友朋往來酬酢而言者也卽爲西國言禮之權輿可也
光緒乙酉季冬下澣吳郡王韜序於滬北淞隱廬

禮則闕如也豈以繁文縟節在所略與邇來袁翔甫大令

之出洋須知蔡和甫司馬之出使須知已漸講夫儀文禮

貌矣然不過一二端而已猶未及詳備也傳蘭雅先生讀

書載筆之暇譯有西禮須知一書蓋將以示西禮之準的

也特出示余屬余以一言弁其首余受而讀之深嘉是書

之有裨於今而知先生為有心人也夫人所以交際者不

過禮以維持之而已中西雖殊其禮之合乎人情則一也

升降揖讓周旋進退應對晉接西禮雖有不同而所以同

者無不在乎人情之中奉使出洋之人要宜人置一編否

則一有失禮徒貽蓮方笑或謂是書所誌於國家大典禮

集西禮須知序

禮從俗禮從宜問禁入境而問俗入門而問諱又云禮從宜

從俗可見禮也者隨處而各異因時以制宜何況中西

殊而遠至於數萬里以外哉惟是先王制禮本乎人

情其繁簡疏密之間具有深意恐其相狎也以禮莊之恐

其相䙝也以禮聯之禮則化樸野而為文禮則變粗俗而

為雅至親暱如家人父子有禮以防閑之則敬自生焉情

禮之邦也彬彬然埒於歐岐鄒魯顧嘗泛覽近時之載

自肅焉禮之不可已也如是夫歐洲諸大國固素所稱知

如瀛環志畧海國圖誌諸書風俗民情無不備載獨於言

光緒十二年新鐫

西禮須知

英國傅蘭雅輯

西禮須知

존 프라이어 著

규장각본